20 世纪中国图书馆学文库·36

情报检索语言

张琪玉 编著

图 國家圖書館出版社

本书据武汉大学出版社 1983 年 6 月第 1 版排印

前　言

情报检索语言是专门用于各种手工的和计算机化的文献情报存贮检索系统，表达文献主题概念和检索课题概念的人工语言，包括体系分类法、组配分类法、标题法、单元词法、叙词法、关键词法以及代码语言等多种类型。这类语言之对于图书情报工作，如同自然语言之对于人类社会生活一样重要。检索系统效率的高低，在很大程度上取决于所采用的情报检索语言的质量以及对它的使用是否正确。

从图书情报工作现代化的需要看，作为受过高等学校图书馆学或情报学教育的专业人才，除了必须掌握体系分类法这种传统的情报检索语言的知识外，还有必要掌握更多的情报检索语言基本知识，以便在工作中能正确地使用这类语言，以及向读者普及这类语言的知识，乃至进一步有所研究，结合实际需要改进现用的语言和创制新的语言。

由于情报检索语言知识的用途比较广泛，武汉大学图书馆学系从 1977 级起，为图书馆学专业和科技情报学专业的本科生、函授生、走读生以及部分研究生、进修生普遍开设了《情报检索语言》课程。从 1980 年上半年以来，已对 800 多名学生讲授了该课程知识。本书即是为该课程编写的教材，现被列入教育部主持制订的《高等学校文科教材编选规划》出版。

本书以检索效率问题为中心，讲述和讨论了情报检索语言的基本理论、各种类型情报检索语言的原理、编制法、使用法、性能、在方法上互相吸取的情况，以及文献分析与标引的一般问题，力求使学习者获得有关情报检索语言的比较完整、系统的基本知识，并对各种类型语言所存在问题的解决有所思考。

本书初稿写成于 1980 年 3 月，这是第二次修订本。但是，将各种类型情报检索语言知识统一于一门课程中，连贯起来作分析比较式的讲授，这还是一种探索。编者深知，本书作为一种教材还不够完善，虽经两次修改，一定还有很多缺点。现借出版的机会，恳请专家和读者批评指正，使它能得到改进。

本书在编写和修改过程中参考了一些文献（见参考文献目录），在这里我谨向作者致以谢忱！本书在出版过程中曾得到图书馆学专业教材编审组关懿娴、彭斐章、来新夏等同志，不辞辛苦前来参加审稿会议的曾世荣、韩承铎、范世伟、黄万新、史永元同志，提出书面意见的许培基同志，本系孙冰炎、周继良、杨元生同志，武汉大学出版社刘文华同志等的支持、指正和帮助，对此我表示深切的谢意！

张琪玉

1982. 12. 24 于武汉大学

目　　录

第一章　绪　论

第一节　情报检索语言在情报检索中的作用

　　情报检索语言是根据情报检索的需要而创制的人工语言。又称情报语言、检索语言、情报存贮与检索语言、文献语言、文献工作语言、索引语言、标引语言、标引符号、标识系统,等等。

　　目前世界上有成千种情报检索语言。例如,《中国图书馆图书分类法》、《汉语主题词表》、《国际十进分类法》、《杜威十进分类法》、《NASA 叙词表》等,都是情报检索语言的一个语种;对图书文献资料所标的分类号或检索词,即是情报检索语言的语词。有数以千万计的图书馆、情报机构、档案部门以及检索刊物的工作人员和读者,正在使用着这类语言。

　　情报检索是情报传递中的重要环节。在当代科学技术文献数量庞大,内容专深且互相渗透,而科研、生产、教学、行政部门对情报的需要十分迫切,检索课题又很专指的情况下,情报检索问题尤其重要,并变得相当复杂;为要达到较高的检索效率,就必须作出很大的努力。

　　情报检索语言与情报检索效率有最密切的关系。它在情报检索过程中所起的作用是极为重要的。

　　情报检索的全过程包括情报的存贮和检索两个方面。情报存贮是指编制检索工具和建立检索系统;情报检索即是利用这些检

1

索工具和检索系统来查找所需的情报。所以,情报的存贮和检索是两个有着密切联系的过程,其关系如图1。

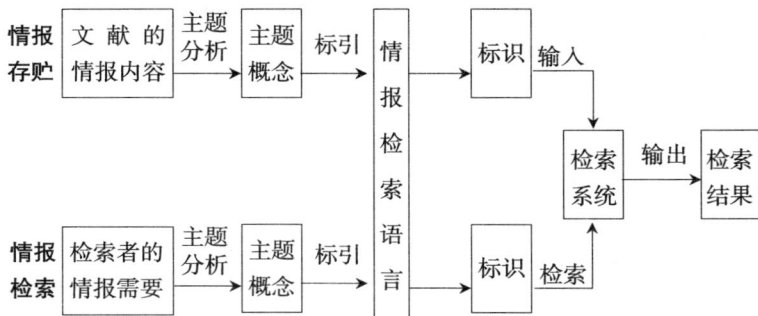

图 1　情报存贮与检索过程及情报检索语言在其中的作用

当存贮情报时,文献标引人员首先要对各种文献进行主题分析,即把它所包含的情报内容分析出来,使之形成若干能代表文献主题的概念,并用情报检索语言的语词(标识)把这些概念标示出来,然后纳入检索工具或检索系统。

当检索情报时,情报检索人员也首先要对检索课题进行主题分析,即把它所涉及的检索范围明确起来,使之形成若干能代表情报需要的概念,并把这些概念转换成情报检索语言的语词(标识),然后从检索工具或检索系统中查找正是用该语词标引的文献,从而找到包含有所需情报的文献。

由此可见,情报检索语言是情报检索系统的重要组成部分,在情报检索系统中起着语言保障的作用,是沟通情报的存贮和检索两个过程,标引人员和检索人员双方思想的桥梁。如果没有情报检索语言作为标引人员和检索人员的共同语言,就很难使标引人员对文献情报内容的表达(标引用语)和检索人员对相同内容的情报需要的表达(检索用语)取得一致,情报检索也就不可能顺利实现,甚至根本不能实现。

　　情报检索语言作为情报检索专用语言的特点,是能简单明白又比较专指地表达文献及检索课题的主题概念,容易将概念进行系统排列,在检索时便于将标引用语和检索用语进行相符性比较;语词与概念一一对应,排除了多词一义、一词多义和词义含糊的现象,并且还能显示出概念之间的相互关系,从而能帮助情报检索人员又全、又准、又快地检索到含有所需情报的文献。

　　情报检索语言就其实质来说是表达一系列概括文献情报内容的概念及其相互关系的概念标识系统。它可以是从自然语言中精选出来并加以规范化的一套词汇,可以是代表某种分类体系的一套分类号码,也可以是代表某一类事物的某一方面特征的一套代码(如化合物的各种代码),用以对文献内容和情报需要进行主题标引、特征描述或逻辑分类。

　　情报检索语言由词汇和语法组成。词汇是指登录在类表、词表中的全部标识,一个标识(分类号、检索词、代码)就是它的一个语词,而分类表、词表则是它的词典;语法是指如何创造和运用那些标识(单个标识或几个标识的组合)来正确表达文献内容和情报需要,以有效地实现情报检索的一整套规则。

　　情报检索语言的主要功能大致可归纳为如下四点:

　　(1)对文献的情报内容(及某些外表特征)加以标引;

　　(2)对内容相同及相关的情报加以集中或揭示其相关性;

　　(3)对大量情报加以系统化或组织化;

　　(4)便于将标引用语和检索用语进行相符性比较。

　　任何一种情报检索语言,都要采取一定的方法和手段,将它的各种要素按照一定的结构结合成一个有机的统一体,以便在图书馆工作、情报工作、档案工作中发挥这四项功能;并不断改进它的结构,以发挥最佳功能。

　　情报检索语言的质量高低及其使用正确与否,对情报检索效率有重大影响。所以,如何提高检索效率,特别是提高检全率和检准率以及情报检索计算机化程度,是现今情报检索语言研究的主要目标。

第二节 对情报检索语言的共同要求

检索效率是由许多因素构成的,所以对情报检索语言也必须提出多方面的要求:

1. 保证较高的检全率和检准率。或者说,漏检率和误检率要能控制在允许的范围内。

最高的检全率是指对各种文献用某种情报检索语言标引并纳入检索工具或检索系统之后,在需要时能将其中载有有关情报的那些文献全部检出。事实上,很难达到全部检出的要求,而只能达到某个百分比。既然检全率一般只能达到某个百分比,就会有一部分有关的文献未能被检出,这一部分文献的数量可用漏检率来表示。与某项情报需要有关并且被检出的文献量和虽有关但未能被检出的文献量之和,等于有关该项情报的全部文献量。由此可见,检全率和漏检率是可以说明同一问题的两个相对的概念。检全率高则漏检率就低,而漏检率高则检全率就低;如果检全率为60%,则漏检率就是40%。检全率是情报检索质量的主要标志。因为漏检率高表明重要情报被遗漏的危险性大,所以在情报检索中,总是力求提高检全率,或者说力求降低漏检率。

最高的检准率是指检出的文献全部与情报需要有关。事实上,在情报检索中,当检出与某项情报需要有关的文献的同时,常常会带出一些无关的文献。要完全避免带出无关文献也是很难达到的,所以检准率也只能达到某个百分比。换句话说,会存在一定的误检率。与某项情报需要有关并且被检出的文献量和虽无关但也被带出的文献量之和,等于被检出的全部文献量。由此可见,检准率和误检率也是可以说明同一问题的两个相对的概念。检准率高则误检率就低,而误检率高则检准率就低。因为误检率高表明用于甄别所检出文献是否真正有用的劳动的增加和时间的浪费,虽不如遗漏重要情报那样严重,但也会影响检索效率,所以在情报检索中,总是力求提高检准率,或者说力求降低误检。

关于检全率、检准率、漏检率、误检率的概念见下面的图示及公式(公式有助于明确概念,虽然可以应用于评价试验,但实际很难进行十分精确的计算):

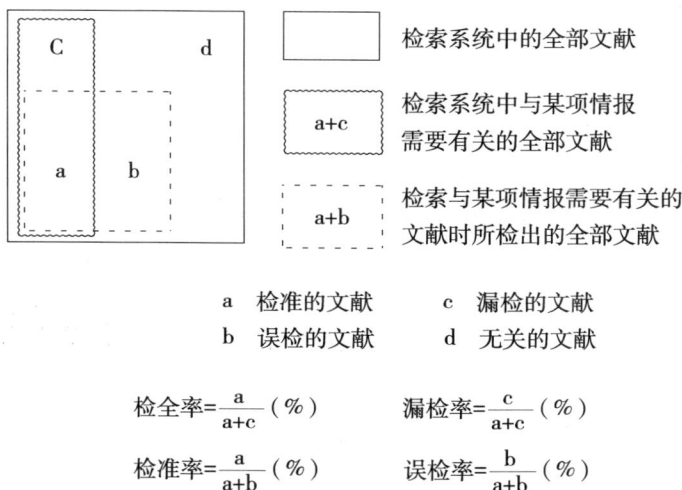

	检索系统中的全部文献
a+c	检索系统中与某项情报 需要有关的全部文献
a+b	检索与某项情报需要有关的 文献时所检出的全部文献

a　检准的文献　　　c　漏检的文献

b　误检的文献　　　d　无关的文献

$$检全率=\frac{a}{a+c}(\%) \qquad 漏检率=\frac{c}{a+c}(\%)$$

$$检准率=\frac{a}{a+b}(\%) \qquad 误检率=\frac{b}{a+b}(\%)$$

图2　检全率、检准率、漏检率、误检率概念的图示及公式

保证较高的检全率和检准率,是对情报检索语言的主要要求。

检全率主要与一种情报检索语言是否能比较全面地显示概念之间的等级关系和相关关系,以及在它的词汇中是否能排除同义现象有关;检准率主要与它的标识(单个标识或若干标识的组合)是否能达到较高的专指度,在它的词汇中是否能排除多义现象和同形异义现象,以及它是否能正确地、恰如其分地显示概念之间的关系有关。情报检索语言的选词和列类是否能符合文献主题的实际情况和情报检索的实际需要,则与检全率和检准率都有关。

实践证明,在检全率和检准率之间存在着互相制约的现象,即提高检全率会使检准率下降,提高检准率会使检全率下降。这主要与标引过程和检索过程有关,但也与情报检索语言本身有关。例如,提高标识的专指度,可提高检准率,但会影响检全率;若降低标识的专指度,则可提高检全率,但又会影响检准率。不过应当指出,并不是情报检索语言所采取的一切方法和手段都会出现这种现象。例如,在它的词汇中排除同义现象只会提高检全率,不会影响检准率;排除多义现象和同形异义现象只会提高检准率,不会影响检全率。

检全率和检准率除与以上诸因素有关外,还与下列许多因素有关。

2. 能满足多种检索要求。社会的情报需要是多种多样、千变万化的,即使是同一个人,也会提出不同类型的检索要求。区分检索要求的类型,有助于了解情报检索语言的性能。典型的检索要求大体可分下列五种:(1)检索某一事物的某一方面文献;(2)检索某一事物的全部有关文献;(3)检索许多事物的同一方面文献;(4)检索一类事物的全部有关文献;(5)浏览一个学科或专业范围的文献。各种情报检索语言在满足这五种典型的检索要求上是有很大差异的。往往是一种语言对这一种检索要求的适应性比较好,而对那一种检索要求的适应性却比较差,另一种语言的情况则又不同,但总不能很好地同时满足这些检索要求。从检索系统完善性、使用方便性和经济性的观点来看,一种语言能同时满足多种检索要求是非常必要的。

情报检索语言对各种检索要求的适应性，主要与它们的构成原理有关，即与它们用什么方式来构成概念标识，以及按哪些原则、方式来排列、组织概念标识和显示概念之间的关系有关。

一种情报检索语言是否能满足多种检索要求，主要看它的下列各种性能如何：（1）是否既能从学科、专业出发进行检索，又能从事物出发进行检索；（2）是否既能较好地进行族性检索，又能较好地进行特性检索；（3）是否能视检索过程中出现的具体情况而自由地扩大、缩小或改变检索范围；（4）是否能进行多途径检索；（5）是否能进行多因素检索，即按任何特征组配检索，或者用布尔代数表达检索课题和进行逻辑运算，实现精确检索。

族性检索是范围较广泛的检索。前述第四种检索要求和第五种检索要求可以认为是族性检索要求。特性检索是范围较狭窄的检索。前述第一种检索要求可以认为是特性检索要求。至于第二种检索要求和第三种检索要求，相对于第一种检索要求来说，可以认为是族性检索要求；相对于第四种检索要求来说，可以认为是特性检索要求。总之，所谓族性检索和特性检索是两个相对的概念，在它们之间没有明确的界限。一般认为，从学科、专业出发的检索要求是族性检索要求，从事物出发的检索要求是特性检索要求；认为分类法系统各种语言的职能主要是满足族性检索的要求，主题法系统各种语言的职能主要是满足特性检索的要求。其实，无论是从学科、专业出发的检索（可以称学科检索或分类检索），还是从事物出发的检索（可以称事物检索或主题检索），都有族性检索，即范围较广泛的检索，和特性检索，即范围较狭窄的检索。任何情报检索语言，都应采取一定的方法和手段，力求既适合于族性检索的要求，也适合于特性检索的要求。

3. 易于标引，易于检索。是否易标易检，不仅与标引、检索的速度有关，而且与标引、检索的质量有关。因为一种情报检索语言如果不是易于为标引人员和检索人员所掌握，必将导致标引误差和检索误差的增加。保证易标易检的条件是多方面的,包括:(1)语词或符号含义的明确性。例如,在体系分类法中通过类名措词、等级隶属结构(形成语言环境)、类目注释、类目划分规则等来明确分类号的含义;(2)语法的严密性。即凡是会出现分歧的地方都要有明确规定,规则不能模棱两可和自相矛盾。例如,在叙词法中明确规定"凡词表中已有专指词者不得用泛指词组配标引","凡可以用组配标引又可以用上位词标引者优先用组配标引";(3)标识的直观性及其排列次序易于理解。在这方面,语词标识比符号标识直观性好,先组式的标题词比组配式的叙词直观性好,组配分类法的分类号比体系分类法的分类号直观性好,层累制的分类号比顺序制的分类号直观性好;号码或语词的排列,应尽量避免特殊的、使人不易理解的规定;(4)查词查号手段的多样性。例如,体系分类表编有类目索引,叙词表编有分类索引、等级索引、轮排索引、双语种对照索引等,使标引人员和检索人员从各种方便的角度都能查到所需的标识;(5)整个语言包含概念的丰富和完备性。所谓包含概念丰富,如体系分类表中类目多,以类目注释方式列出的概念多;叙词表中叙词多,作为检索"入口"的非叙词多等。所谓包含概念完备,是指不论任何主题的文献都能有类可归,有适当的语词可以用来标引,即使是用泛指类目和泛指词也可以。

　　4.具有对先进的检索方式和检索设备的适应性,以及对多种检索方式和检索设备的适应性。

　　检索方式即文献情报存贮与检索方式,可以分为文献单元方式和标识单元方式。文献单元方式也称顺检方式、顺排档,其特点是文献标识直接加在文献款目上作为标目,文献款目即按文献标识排列,查到文献标识即可见到文献著录事项。我国图书馆和情报机构目前普遍使用的卡片式目录都是属于文献单元方式。标识单元方式也称逆检方式、倒排档,其特点是检索工具分两部分,一部分是文献卡(文献款目),另一部分是标识卡,标识卡上只记有关文献号,标识卡与文献卡之间用文献号(较多的是顺序号)联系,检索时先查标识卡(可以组配),得到有关的文献号之后再转查文献卡,才能见到文献著录事项。各种组配索引都是属于标识单元方式,电子计算机检索系统中的倒排档也是属于标识单元方式,附有索引的检索刊物绝大多数可以认为是标识单元方式(更正确地说是文献单元方式和标识单元方式的结合系统)。

检索设备可以分为传统检索设备和非传统检索设备。传统检索设备如普通卡片式目录、书本式目录。非传统检索设备如比号卡、比孔卡、穿孔卡、机械式检索系统、光电式检索系统、电子计算机检索系统等。

各种检索方式和检索设备都有一定优缺点和适用范围,它们与情报检索语言是互相配合的。一种情报检索语言的优点是否能充分发挥,与所选用的检索方式和检索设备密切相关。一种先进的检索方式或检索设备要能充分发挥它的优异性能,也必须对情报检索语言提出一定的要求。总之,各种情报检索语言对各种检索方式和各种检索设备的适应性是各不相同的。例如,体系分类法用于电子计算机检索系统就不能充分发挥电子计算机的功能,上下文关键词法适用于电子计算机系统却不适用于卡片式目录,单元词法适用于比号卡系统和比孔卡系统却不适用于普通卡片式目录,等等。当前,情报检索计算机化已成为提高检索效率的一个重要途径。结合电子计算机检索设备特点设计的情报检索语言,有助于充分发挥电子计算机的优异功能。但是,也应考虑到一种情报检索语言能适应多种检索方式和检索设备,使其发挥更大的效用。例如,我国新编的《汉语主题词表》,就兼顾了电子计算机检索系统和手工检索系统两个方面的需要。

5.具有对多种学科和多种类型文献的适应性,以及对多种类型图书馆和情报机构的适应性。一般地说,专业性或专用性情报检索语言在处理本专业或特定类型文献上效率比较高,但在处理其它专业或其它类型文献上效率就比较低,甚至完全不适用。综合性情报检索语言比较适用于综合性图书馆和情报机构处理多种学科和多种类型的文献,效率虽不甚高,但那些单位不可能同时使用许多种专业性和专用性的情报检索语言来处理自己的收藏。综合性情报检索语言用于某一专业单位或某一特定类型文献时,其效率就不如各种专业性或专用性情报检索语言高了。这是一个矛盾。提高综合性情报检索语言的检索效率无疑是必要的,但也是比较困难的。如何提高它的检索效率是一个努力的方向。

6.具有对图书馆或情报机构各个工作环节的适应性。在这方面,体系分类法(包括体系组配分类法)的适应性较强,除适用于情报检索外,还适用于文献排架、藏书或服务部门的划分、文献报道、统计、藏书补充计划等。其它语言则几乎只能用于情报检索和文献报道。

7.具有与其它情报检索语言的兼容性以及一国通用性和国际通用性。每一种情报检索语言都是根据一定需要而创制的,不但具有适应某些具体需要的特点,而且往往还带有某个国家的特点和某种自然语言的特点。这样,造成各种检索工具和检索系统之间缺乏"互换性",不能互相利用标引成果,检索也很不便。所以,力求情报检索语言的一国通用性和国际通用性,即标准化。近十年来,随着电子计算机在图书情报工作中应用的进一步发展,出现了情报检索网络化的趋势。由于联网的需要,更迫切要求解决各种情报检索语言的兼容性问题。各个检索系统都使用同一种情报检索语言是不可能的,因为至今还没有,大概也不可能有一种情报检索语言能满足一切实际需要。但是,如果能使各种情报检索语言特别是同一类型的情报检索语言接近起来(例如尽可能用同一个语词来表达同一个概念,等等),就有助于克服障碍和提高效率。实现这方面的要求是当前情报检索语言研究的方向之一。

8.具有不断进行现代化改造的可能性,即要能跟上科学技术和社会的发展。科学技术领域中新学科新知识不断出现,各学科之间的关系在不断变化,社会也在不断发展,情报检索语言要易于扩充修改,及时增补新概念,反映新事物,以及改变旧的结构和概念联系,不断进行"现代化"改造,才能适应情报检索的需要,否则将成为僵死的东西而被淘汰。

以上是对情报检索语言的一些共同要求。但是,实践中还没有一种语言能完满地达到上述全部要求。如何创制新语言或者改进现有语言,使之能达到或接近这些要求,这是情报检索语言研究的许多重要课题。

第三节 概念逻辑和知识分类是情报检索语言的基础

任何一种情报检索语言,不论是语词的还是符号的,都是表达一系列概括文献情报内容的概念及其相互关系的概念标识系统。因此,它们全都是建立在概念逻辑的基础上的。

概念逻辑是一种科学思维方法,它能揭示事物的本质属性及各种事物之间的联系与区别,概念则是事物本质属性的概括。科学认识的成果,都是通过形成各种概念来加以总结和概括的。所以,文献的情报内容只有用概念才能加以科学的揭示,即通过主题分析将其概括为某个或某些概念。在日常的思想交流中,概念是用各种自然语言的语词(词或词组)来表达的。在情报检索过程中,概念则是用各种情报检索语言的语词(标识)来表达的(见图3)。实践证明,概括文献情报内容的概念只有通过情报检索语言才能得到正确的表达。为了揭示一事物与其他各种事物之间的联系与区别,达到检全和检准的要求,情报检索语言不仅要表达一个个不同的概念,而且还要显示各种概念之间的逻辑关系。

11

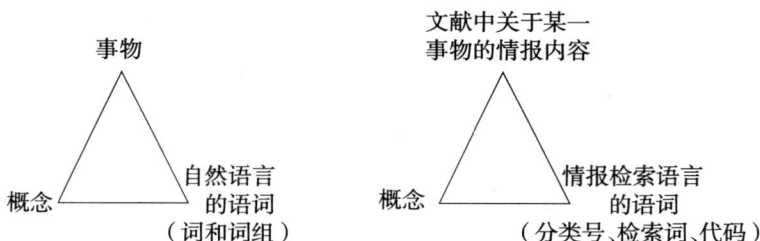

图 3　概念和情报检索语言语词对文献情报内容的表达

　　为了了解情报检索语言的基本原理,我们需要具备一些概念逻辑的一般知识。

　　什么是概念?上面已经指出,概念是事物本质属性的概括。它是人们对事物的认识上升到理性认识阶段后的产物。毛泽东同志说:"概念这种东西已经不是事物的现象,不是事物的各个片面,不是他们的外部联系,而是抓着了事物的本质,事物的全体,事物的内部联系了。"例如,有一种机构,它从事图书资料的搜集、整理、保存并以借阅方式提供利用。我们在对这种机构的本质属性进行概括之后,就会形成一个概念,即"图书馆"。

　　概念都有内涵和外延。概念的内涵是它所指事物的本质属性的总和,即概念的涵义。例如,"从事图书资料的搜集、整理、保存并以借阅方式提供利用的机构"这些本质属性的总和就是"图书馆"这个概念的内涵。概念的外延是它所指的一切事物,即概念的适用范围。例如,"图书馆"这个概念适用于一切"从事图书资料的搜集、整理、保存并以借阅方式提供利用的机构"。

　　概念的内涵有深浅,即它所概括的事物本质属性有多少;外延有广窄,即它的适用范围有大小。概念的内涵和外延之间成反变关系。概念的内涵越浅(即它所概括的事物本质属性越少),则它的外延越广(即它的适用范围越大);反之,概念的内涵越深,则它的外延越窄。例如,在"图书馆"这个概念的内涵中增加"为科学研究服务的"这一属性,就形成"科学图书馆"这个概念;如果再增加"以社会科学的图书资料为范围的"这一属性,就形成"社会科学图书馆"这个概念。"科学图书馆"这个概念只能适用于一部分图书馆,而"社会科学图书馆"这个概念只能适用于一部分科学图书馆。由此可见,每一个概念都反映着一定数量和一定本质的事物(从其外延看)或一定数量的事物属性(从其内涵看)。

很多概念是毫不相干的,也有很多概念是有关系的,其中有些概念的关系非常密切。明确概念之间的关系,是对客观世界千差万别的事物进行科学认识的一种重要方法。

概念之间的关系,按其外延是否有相同部分,可以归为相容关系和不相容关系两类。如果两个概念的外延至少有一部分相重合,则两者之间是相容关系,互称为相容概念。如果两个概念的外延没有一部分相重合,则两者之间是不相容关系,互称为不相容概念。

在相容关系中可以分为同一关系、属种关系、交叉关系、整体与部分的关系和全面与某一方面的关系,此外还有外延不相排斥的并列关系。在不相容关系中可以分为并列关系(外延互相排斥的)、矛盾关系和对立关系。

同一关系,又称重合关系。是指有同一外延而又有不同内涵的两个概念之间的关系。例如,"电子计算机"与"电脑"这两个概念的关系即为同一关系,它们互称为同一概念。同一关系绝大多数是同义词之间、学名与俗称之间、同一产品的正式命名与绰号、型号之间等等这类关系。具有同一关系的两个概念,所指的都是同一事物,所以,在情报检索语言中不仅没有必要区别,相反还必须合并;合并后只用一个标识,可避免同一主题的文献被分散标引在多个标识下而造成漏检。

属种关系。是指这样两个概念,其中一个概念完全被包括在另一个概念的外延里,是另一个概念外延的一部分。例如,"文学作品"与"小说"这两个概念的关系就是属种关系。就包括另一个概念的概念(外延广的概念)对被它包括的概念(外延窄的概念)来说是上位概念,或称属概念;就被包括的概念对包括它的概念来说是下位概念,或称种概念。例如,"文学作品"是"小说"的上位概念,即属概念;"小说"是"文学作品"的下位概念,即种概念。属种关系是概念隶属关系的基本形式。

属种关系形成概念等级关系。在概念等级关系中,外延比某个概念大的几个概念都可称为属概念,属概念中外延最小的一个称为那个概念的邻近属概念(直接上位概念);外延比某个概念小的几个概念都可称为种概念,种概念中外延最大的一个称为那个概念的邻近种概念(直接下位概念)。例如:

"图书馆"、"公共图书馆"、"省图书馆"这三个概念都是"湖北省图书馆"这个概念的属概念;"公共图书馆"、"省图书馆"、"湖北省图书馆"三个概念都是"图书馆"这个概念的种概念;"公共图书馆"是"省图书馆"的邻近属概念,又是"图书馆"的邻近种概念;"省图书馆"是"湖北省图书馆"的邻近属概念,"湖北省图书馆"是"省图书馆"的邻近种概念,等等。

整体与部分关系。是指这样两个概念,其中一个概念概括表示某一事物,而另一个概念则仅仅表示该事物的某一个部分。例如,"人体"与"人的心脏"这两个概念的关系就是整体与部分关系。就"人体"对"人的心脏"来说是整体概念,就"人的心脏"对"人体"来说是部分概念。整体与部分关系是概念隶属关系的另一种形式,整体概念是上位概念,部分概念是下位概念。但是,这种关系与属种关系不同。属种关系是指同族事物的属与种、类称与特称之间的关系而言,而整体与部分关系则是指两个不同族的事物一个成为另一个的构成部分的关系而言。

全面与某一方面关系。是指这样两个概念,其中一个概念概括表示某一事物的全部问题,而另一个概念则仅仅表示该事物的某一个方面的问题(例如表示某一产品的原理、设计、制造材料、制造设备、制造工艺、使用方法等等之中某一方面的问题)。全面与某一方面关系也是概念隶属关系的一种形式,全面概念是上位概念,某一方面概念是下位概念。这种关系同整体与部分关系很相似,而与属种关系显然不同。

交叉关系,又称部分重合关系。是指有一部分外延相重合的两个概念之间的关系。例如,"彩色电影片"与"宽银幕电影片"这两个概念的关系就是交叉关系。即彩色电影片中有些是宽银幕的,宽银幕电影片中有些是彩色的。这样的两个概念互称为交叉概念。两个交叉概念外延的重合部分(即相同部分)往往形成一个新概念,其内涵等于两个交叉概念内涵之和(即"宽银幕彩色电影片"或"彩色宽银幕电影片"),这个新概念对原来两个概念的任何一个来说,都是下位概念。但是,在两个交叉概念外延的重合部分不一定都形成一个新概念。例如,"中国共产党党史"和"中国新民主主义革命史"这两个交叉概念外延的重合部分就没有形成一个新概念,只表明它们有一部分是交叉重叠的而已。

并列关系,又称同位关系。是指同一个上位概念(属概念)之下的几个下位概念(种概念)之间的关系。例如,"省图书馆"、"市图书馆"、"县图书馆"这几个概念的关系就是并列关系,它们都是"公共图书馆"这个上位概念之下的下位概念。具有并列关系的各个概念,互称为并列概念或同位概念。在同一整体概念之下的各个部分概念之间,以及同一全面概念之下的各个方面概念之间,也都是并列关系。并列关系的各个概念在外延上大多是互相排斥的(即没有一部分重合);但是也有一些不互相排斥(即有一部分重合),如"史学家"、"文学家"、"书法家"这些并列概念就是这样。

矛盾关系。这是概念并列关系的一种特殊形式,是指外延总和等于其上位概念全部外延的两个并列概念之间的关系。例如,"金属材料"和"非金属材料"这两个概念之间的关系就是矛盾关系,它们互称为矛盾概念;它们的外延之和等于"材料"这个上位概念的全部外延。

对立关系。这也是概念并列关系的一种特殊形式,是指外延总和小于其上位概念全部外延的两个并列而且是互相对立的概念之间的关系。例如,"导电体"和"绝缘体"这两个概念之间的关系就是对立关系,它们互称为对立概念;它们的外延之和小于"材料导电性"这个上位概念的外延,因为除此之外还有"半导体"。

关于概念之间的以上各种关系,可用图4加以概括说明。

情报检索语言在表达各种概念及其相互关系时,普遍地应用了上述概念逻辑的原理,并且有效地利用了概念的划分与概括和概念的分析与综合这两种逻辑方法来建立自己的结构体系。

概念划分与概括(分类)是利用概念内涵由反映事物本质属性的概念因素构成,概念因素的增加或减少可以形成新的概念,概念内涵与外延成反变关系等的性质,对概念进行划分(缩小)或概括(扩大),形成更为专指或更为泛指的新概念,用以区别客观世界千差万别的事物(见图5);并利用划分或概括过程中所产生的概念隶属关系和并列关系,建立某些形式的情报检索语言结构体系——概念等级体系,用以显示客观世界千差万别的事物之间的内在联系(见图6)。这种结构具有很好的系统性。体系分类法是应用概念划分与概括这种逻辑方法的典型。

16

概 念 之 间 的 关 系

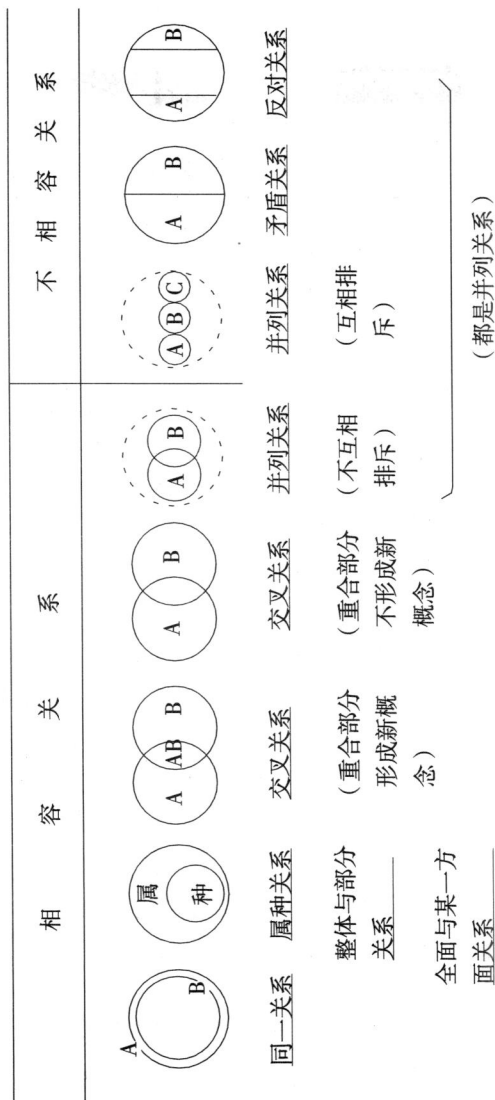

相　容　关　系					不　相　容　关　系		
同一关系	属种关系	交叉关系	交叉关系	并列关系	并列关系	矛盾关系	反对关系
	属 种	（重合部分 形成新概 念）	（重合部分 不形成新 概念）	（不互相 排斥）	（互相排 斥）		
	整体与部分 关系						
	全面与某一方 面关系						

（都是并列关系）

图 4　概念关系示意图

17

未划分·········→第一度划分·········→第二度划分·········→第三度划分

文学作品	中国文学	中国诗歌	中国古代诗歌
（中国现代小说）	（现代小说）	（近代诗歌）	中国近代诗歌
（朝鲜近代诗歌）	（近代戏剧）	（古代诗歌）	中国现代诗歌
（日本近代小说）	（近代诗歌）	（现代诗歌）	
（日本现代小说）	（古代戏剧）	中国戏剧	中国古代戏剧
（中国古代诗歌）	（现代诗歌）	（古代戏剧）	中国近代戏剧
（朝鲜近代戏剧）	（古代小说）	（现代戏剧）	中国现代戏剧
（中国近代诗歌）	（古代诗歌）	（近代戏剧）	
（朝鲜现代小说）	（现代戏剧）	中国小说	中国古代小说
（日本古代小说）	（近代小说）	（现代小说）	中国近代小说
（朝鲜现代戏剧）		（古代小说）	中国现代小说
（中国古代小说）		（近代小说）	
（中国近代戏剧）	朝鲜文学	朝鲜诗歌	朝鲜古代诗歌
（日本古代诗歌）	（古代小说）	（近代诗歌）	朝鲜近代诗歌
（中国现代戏剧）	（古代戏剧）	（现代诗歌）	朝鲜现代诗歌
（日本现代戏剧）	（近代诗歌）	（古代诗歌）	
（朝鲜近代小说）	（近代小说）	朝鲜戏剧	朝鲜古代戏剧
（朝鲜现代诗歌）	（古代诗歌）	（古代戏剧）	朝鲜近代戏剧
（中国古代戏剧）	（现代戏剧）	（现代戏剧）	朝鲜现代戏剧
（日本近代诗歌）	（近代戏剧）	（近代戏剧）	
（日本古代戏剧）	（现代小说）	朝鲜小说	朝鲜古代小说
（朝鲜古代戏剧）	（现代诗歌）	（古代小说）	朝鲜近代小说
（中国近代小说）		（近代小说）	朝鲜现代小说
（朝鲜古代诗歌）		（现代小说）	
（中国现代诗歌）	日本文学	日本诗歌	日本古代诗歌
（朝鲜古代小说）	（现代诗歌）	（现代诗歌）	日本近代诗歌
（日本近代戏剧）	（近代戏剧）	（近代诗歌）	日本现代诗歌
（日本现代诗歌）	（古代诗歌）	（古代诗歌）	
	（近代小说）	日本戏剧	日本古代戏剧
	（古代小说）	（近代戏剧）	日本近代戏剧
	（古代戏剧）	（古代戏剧）	日本现代戏剧
	（近代诗歌）	（现代戏剧）	
	（现代戏剧）	日本小说	日本古代小说
	（现代小说）	（近代小说）	日本近代小说
		（现代小说）	日本现代小说
		（古代小说）	

第三度概括←······第二度概括←··········第一度概括←··········未概括

* 括号中是该概念外延所指的事物。

图 5　概念的划分与概括

文 学 作 品

中国文学作品

中国诗歌作品

中国古代诗歌作品

中国近代诗歌作品

中国现代诗歌作品

中国戏剧作品

中国古代戏剧作品

中国近代戏剧作品

中国现代戏剧作品

中国小说作品

中国古代小说作品

中国近代小说作品

中国现代小说作品

朝鲜文学作品

朝鲜诗歌作品

朝鲜古代诗歌作品

⋯⋯⋯⋯⋯⋯⋯

⋯⋯⋯⋯⋯⋯⋯

⋯⋯⋯⋯⋯⋯⋯

日本文学作品

⋯⋯⋯⋯⋯⋯⋯

⋯⋯⋯⋯⋯⋯⋯

图 6　　概念等级体系

概念分析与综合（组配）是利用在概念的交叉关系中，两个概念外延的重合部分（相同部分）可以形成一个新概念，其内涵等于原来两个概念内涵之和，并且它与原来的两个概念具有隶属关系的这种性质（见图7），进一步发展为将一个内涵较深的概念（概念因素较多的复杂概念）分析（分解）为两个或两个以上内涵较浅的概念（概念因素较少的简单概念），以及将两个或两个以上内涵较浅的概念综合（合成）为一个内涵较深的概念的一种概念逻辑方法（见图8），用以建立另一些形式的情报检索语言结构体系——概念组配体系（见图9）。这种结构可以提供从多条途径来进行情报检索的条件，而且可以任意选择标识的专指度，随具体情况扩大、缩小或改变检索的范围。组配分类法和叙词法是应用概念分析与综合这种逻辑方法的典型。

客观世界事物既是多样性的，千差万别的，又是统一的，有层次的。将事物概念纳入知识分类体系（事物和学科的分类体系），是对千差万别的事物作系统研究的重要方法，是对各种事物之间的区别和联系从本质上、原理上进行揭示的重要手段，对情报的系统化具有重大价值。毛泽东同志说："科学研究的区分，就是根据科学对象所具有的特殊的矛盾性。因此，对于某一现象的领域所特有的某一种矛盾的研究，就构成某一门科学的对象。"所以，为了使情报检索语言能够适合科学研究的需要，必须把各种概念之间的关系建立在知识分类的基础上。但是，知识分类体系（事物和学科的分类体系）是多维性的和处在不断革新中的，情报检索语言能在多大程度上反映当代知识分类水平，是其质量的重要标志之一。情报检索语言中的体系分类法、组配分类法、叙词法、标题法以及代码系统等，都在不同程度上反映了知识分类。只有较充分地反映知识分类的情报检索语言，才能保证情报的科学系统化而具有较高的质量。使情报科学系统化始终是情报检索语言研究不能离开的基本方向。

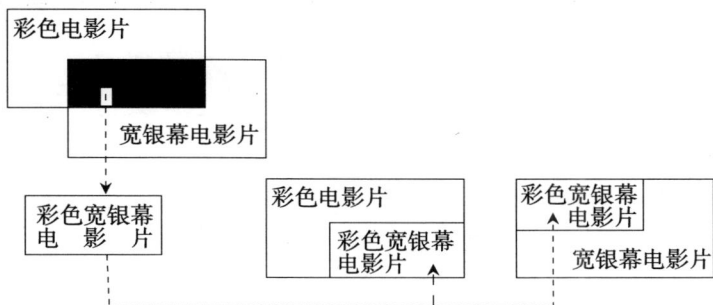

图 7　概念交叉关系中两个概念外延重合部分形成新概念的性质

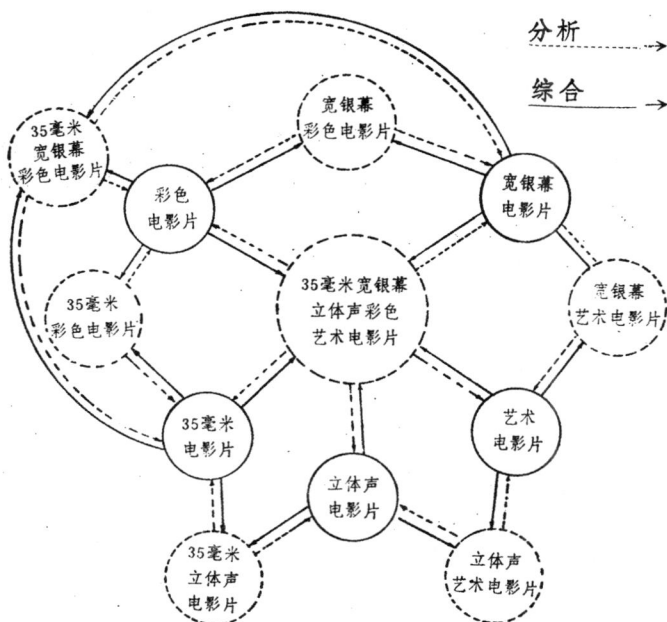

图 8　概念的分析与综合

第四节　情报检索语言的分类

　　各种情报检索语言的基本原理是一致的。但是,它们在表达各种概念及其相互关系时和在解决对它们提出的那些共同要求时所采用的方法不同,因而形成了不同的类型和语种。

　　情报检索语言按其结构原理,可分为分类语言、描述语言和代码语言三大类型。此外,还有一种引证关系追溯法,按其作用来看,也可以说是情报检索语言的一个类型。

　　分类语言用分类号来表达各种概念,将各种概念按学科性质进行分类和系统排列。分类语言包括等级体系分类语言(体系分类法)和分析－综合分类语言(组配分类法)。它们可统称为分类法系统。体系分类法主要应用概念划分与概括的方法,组配分类法主要应用概念分析与综合的方法。事实上,无论是前者还是后者,都既采用概念划分与概括的方法,建立等级体系结构,又采用概念分析与综合的方法,实行组配。

　　描述语言用语词来表达各种概念,将各种概念不管其相互关系完全按字顺排列。描述语言包括标题词标引语言(标题法)、单元词描述语言(单元词法)、叙词描述语言(叙词法)和关键词描述语言(关键词法)等。它们可统称为主题法系统。标题法的检索标识是在编表时就固定组配好,即所谓"先组式"的;单元词法和叙词法的检索标识一般是在检索时才组配起来,即所谓"后组式"的。标题法、单元词法和叙词法都要对取自自然语言的语词加以规范化,而关键词法一般认为是直接使用自然语言不加规范,其实它也要进行某种程度的规范化处理。标题法、单元词法和叙词法在表达各种概念及其相互关系的方法上各有特点,但许多方法是互相通用的。所以,要在它们之间划一个明确的界限是比较困难的。

事实上，目前分类法系统和主题法系统也互相渗透，各种方法互相采用。例如，叙词法就采用了多种情报检索语言的方法。这种情况将在以下各章详细分析各种语言时看出来。

代码语言一般只就事物的某一方面特征，用某种代码系统来加以标引和排列。例如，化合物的分子式索引系统，环状化合物的环系索引系统，有机化合物的威斯韦塞尔线型标注法代码系统等。

引证关系追溯法即引文索引法，是显示科学论文之间互相引证而形成的论文网的一种方法。这种方法提供了从被引论文来检索引用它的全部论文的途径，从而能顺着一种科学思想发展过程的线索找到有关的情报。因此，可以认为它是情报检索语言的一种特殊类型。

情报检索语言按其包括的学科或专业范围，可分为综合性语言和专业性语言；按其适用范围，可分为一种检索工具或检索系统专用的语言，某一类型图书馆或情报机构专用的语言，各类型图书馆和情报机构通用的语言，以及国际通用的语言。有些情报检索语言，则专门适用于某一类型的文献资料（如专利分类法）。此外，还可分为传统检索工具适用的语言和机器检索系统适用的语言。

由于情报检索语言都是利用各种通行文字来表达概念的，所以有单语种语言和多语种语言之分。单语种语言又可按自然语言的语种细分，因为它们还会带有各种自然语言的某些特点。

情报检索语言按其标识的组合使用方法，还可分为先组式语言（文献标识在编表时就固定组配好）和后组式语言（文献标识在检索时才组配起来）。后组式语言也可当作先组式语言使用（文献标识在标引时组配成固定的标识串），即所谓先组散组式。

以下各章将分别论述各种类型情报检索语言的构成原理，在表达各种概念及其相互关系时和在解决对它们提出的共同要求时所采用的不同方法，以及它们的性能等问题。

第二章 等级体系分类语言

第一节 体系分类法的原理

一 体系分类法的构成原理

体系分类法是一种直接体现知识分类的等级制概念标识系统。它是对概括文献情报内容及某些外表特征的概念进行逻辑分类(划分与概括)和系统排列而构成的。体系分类法的主要特点是按学科、专业集中文献,并从知识分类角度揭示各类文献在内容上的区别和联系,提供从学科分类检索文献情报的途径。

由于人们一般都是在某个专业范围内从事科研、生产、教学、管理等活动的,习惯于从学科、专业出发去获取知识和情报,而体系分类法对于有系统地掌握和利用一个专业范围的知识和情报来说,是很方便的,因此,它就成为对文献情报进行系统化处理的重要方法,成为一种历史最久、使用最普遍的情报检索语言。

任何概念都有内涵和外延。在一般情况下,概念的外延所指的是一类事物。所谓"类",是许多具有某种(或某些)共同属性的事物的集合。用以表示一类事物的概念,称为类名,在文献资料分类上称为类目。

类是可分的。因为在一类事物中,每一事物除了具有某种(或某些)与同类其它事物共同的属性外,还有许多与同类其它事物不同的属性。也就是说,同一类的事物并不是完全相同的,它们在某一或某些方面相同,而在另一或另一些方面则不同。因此,可以用另一种属性作为划分标准(分类标准)来对这一类事物进行划分,即分类。例如,"文学作品"是具有"以语言文字为工具形象化地反映社会生活斗争的艺术作品"这些共同属性的一类事物,我们可以用"文学作品作者的国籍"作为划分标准,将其划分为"中国文学"、"日本文学"、"朝鲜文学"等等。经过一次划分所形成的一系列概念称为子类或下位类(种概念),被划分的类称为母类或上位类(属概念)。它们之间的关系是隶属关系,即子类隶属于其母类。母类与子类之间的联系在于:表征母类的属性必定存在于其子类中。各子类互称为同位类(并列概念),它们之间既有联系又有区别,既有表征母类的共同属性,又有各自的不同于别的子类的特殊属性(子类差)。由同一母类划分出来的各子类之间的关系是并列关系,即它们共同隶属于其母类。由于事物往往有许多属性,它们都可以作为划分标准,所以分类是可以连续进行的,即对经过一次划分所得的子类,还可用别的属性作为划分标准再次划分。例如,对"中国文学"这个类还可以用"体裁"作为划分标准,划分为"中国诗歌"、"中国戏剧"、"中国小说"等等子类;对"中国诗歌"这个类还可以用"写作时代"作为划分标准,划分为"中国古代诗歌"、"中国近代诗歌"、"中国现代诗歌"等等子类。这样层层划分,层层隶属,便构成具有隶属、并列关系的秩序井然的概念等级体系。

　　一般来说,分类应遵守下列几条规则:(1)在每一次划分时,只使用一个划分标准,不同时使用两个或两个以上的划分标准,否则会出现划分后所得各子类互相交叉、重叠的混乱现象;(2)划分后所得各子类的外延之和应等于其母类的外延,避免"不完全划分"的错误和"多出子类"的错误;(3)要选择事物本质的、符合分类目的的属性作为划分标准,否则分类便失去科学性和实用价值。

体系分类法主要就是运用这种逻辑分类原理，依据文献内容的学科、专业性质及其它特征，对文献情报进行系统化组织的一种方法。在以知识分类为基础建立起来的体系分类表中，任何一个知识部门的位置都大体显示出了这门知识在知识总体系中的地位、内容范围以及与其它知识部门的关系。这就好像一张"知识地图"一样，使检索者容易找到他所要到达的目的地——找到记载着他所需要的知识和情报的文献。体系分类法中成千上万个类目（等级体系分类语言的语词），就是这张"知识地图"上领域大小不等的各种"地名"。

二　类目的划分

体系分类法是由成千上万个类目构成的。类目犹如它的细胞。所以，类目的划分，类目的排列，类目名称及涵义，学科之间（类目之间）相互关系的处理，是进一步了解体系分类法原理的几个主要方面。

类目的划分包括分类标准的选择和分类标准的使用两个问题。

分类标准的选择决定着提供什么检索途径。当同一类的事物共同具有几组属性，若只采用其中一组属性作为分类标准时，仅被用作分类标准的一组属性可分别集中具有该组某一属性的事物，但从另一角度来看也是具有同一属性的事物（它们也可构成一类）因该属性未被用作分类标准而被分散，且无检索途径。例如，每一部文学作品都有体裁、作者国籍、写作时代等属性，若只采用体裁作为分类标准，分为诗歌、戏剧、小说等小类，则不同国籍作者、不同时代写的诗歌、戏剧、小说等都可以分别集中一类，要检索诗歌或戏剧或小说等时固然十分方便，但要检索中国文学（包括中国诗歌、中国戏剧、中国小说等）、日本文学、朝鲜文学等等，或要检索中国古代文学作品、中国近代文学作品、中国现代文学作品时就很困难,因为这些类的文学作品(具有同一国家、同一时代等共同属性的文学作品)都被分散了,而且在文献标识(分类号)中没有显示出作者国籍、写作时代等特征,因而除了查遍文学作品各类,根据文献著录事项来一一甄别,别无检索途径。

分类标准的使用次序决定着形成什么分类体系结构。假若同一类的事物共同具有的几组属性全被用作分类标准,也只有首先被采用的一组属性可分别集中具有该组某一属性的事物,其它属性虽可以在文献标识中显示出来,但它们要被分散而不能集中成为一类,而且越是在后使用的分类标准,其文献资料被分得越零散。例如,当我们对"文学作品"这个类用国家、时代、体裁三个分类标准来划分时,这三个分类标准被使用的先后次序不同,结果会形成三个性能有很大差别的分类体系(见图10)。

上述三个文学作品分类体系,第二个体系是按体裁集中反映文学作品,比较适合一般读者检索文学作品的要求;第三个体系是按国家-时代(即文学史观点)集中反映文学作品,比较适合文学研究者的要求;而第一个体系则适当照顾了以上两方面读者的要求,但又不能完全适应他们各自的要求,是一个折中的方案。

由此可见,选择什么事物属性作为分类标准,以及如何运用这些分类标准,是关系到建立一个什么样的分类体系的重要问题,它对分类体系的性能和质量,具有重大影响。

可以作为分类标准的事物属性很多,归纳起来,大体有:

(1)学科门类及分支(参看《中图法》O(以下未注明者均系《中图法》类号));

(2)研究对象(P/S;P185.1/.9);

(3)研究对象的问题(P185.1);

(4)研究方法(O657);

(5)学派、学说、观点(Q111);

(6)学说的构成部分(《资料法》Q111.2);

（1） 国家—体裁—时代	（2） 体裁—国家—时代	（3） 国家—时代—体裁
中国文学作品 　诗歌 　　古代 　　近代 　　现代 　戏剧 　　古代 　　近代 　　现代 　小说 　　古代 　　近代 　　现代 　…… 朝鲜文学作品 　诗歌 　　…… 　　…… 　戏剧 　　…… 　　…… 　小说 　　…… 　　…… 日本文学作品 　诗歌 　　…… 　　…… 　戏剧 　　…… 　　…… 　小说 　　…… 　　…… 　……	诗歌 　中国诗歌 　　古代 　　近代 　　现代 　朝鲜诗歌 　　古代 　　近代 　　现代 　日本诗歌 　　古代 　　近代 　　现代 　…… 戏剧 　中国戏剧 　　…… 　朝鲜戏剧 　　…… 　日本戏剧 　　…… 　　…… 小说 　中国小说 　　…… 　朝鲜小说 　　…… 　日本小说 　　…… 　……	中国文学作品 　古代（或某代） 　　诗歌 　　戏剧 　　小说 　　…… 　近代（或某代） 　　诗歌 　　戏剧 　　小说 　　…… 　现代（或某代） 　　诗歌 　　戏剧 　　小说 　　…… 朝鲜文学作品 　古代 　　…… 　　…… 　近代 　　…… 　现代 　　…… 日本文学作品 　古代 　　…… 　　…… 　近代 　　…… 　现代 　　…… 　……

图 10　分类标准的使用次序对分类体系性能的影响

（7）事物的特性、性能、现象、形态（O492；TG113.2；R441）；

（8）事物的自然分类、品种（Q949）；

（9）物质结构、成分（O572.3；O613）；

（10）事物所处条件、环境、场合（S28；Q178.5）；

（11）事物运动变化的原因、作用原理（R51；R59）；

（12）事物的发展阶段（P534；《资料法》S353）；

（13）事物的特征、等级（J96；《资料法》P421.3 和 P459.4）；

（14）研究对象的组成部分位置（R323）；

（15）产品结构（TK413/414）；

（16）产品所用材料（TS932；TU36）；

（17）生产工艺、操作过程、方式方法、技法（TG5；TG93；TF55；S37；J292.3；《资料法》S341 和 S276.7）；

（18）产品品种、用途、应用场合（TG162.8；S865）；《资料法》S826.8；S826.9；S252）；

（19）工程种类（U6）；

（20）业务种类（F540.8）；

（21）国家、地区（K1/7）；

（22）民族、语言（I29；G633.4）；

（23）时代、年代、历史分期（H11；P416.4；K2）；

（24）事件（K256）；

（25）人物、著者（A；B22；K824），等等。

以上分类标准都是文献资料的内容特征。运用这些特征来区分事物，具有科学认识上的意义，因而是主要的分类标准。此外；在划分类目时，也可以将文献资料的类型特征（如著作方式、体裁、编辑出版方式以及出版时间、地点等）作为分类标准。运用这些特征来划分类目，只是为了达到某些实用上的目的，因而是辅助的分类标准。一般地说，当需要同时采用主要标准和辅助标准来划分时，应当首先用主要标准来划分，然后再用辅助标准作进一步细分。

　　由于一种事物本身有许多属性，一种文献又有许多类型特征，因而必须选择具有科学认识意义的事物属性和具有检索实用意义的文献特征作为分类标准。例如，《人大法》(1957 年版)把语言按洲区分，就不如其它分类法按语系区分，因为有许多语言的洲界是不明确的；同时，也会使同一语系的两种语言分散在两处(马来语和斐济语同属南岛语系，但照《人大法》前者入亚洲语言，后者入澳洲语言)。又如，《人大法》将历史类按社会制度分国，就不如其它分类法按地理位置分国，因为某种社会制度只是一个国家发展过程中所经历的某个阶段，以社会制度作为分类标准形成的各国历史类目既没有稳定性，同时也没有达到将各国的同一社会制度进行集中类比的目的(参看《人大法》1957 年版)。再如，《科图法》(1958 年版)的"48.37 画谱、画册、画片"(即绘画作品)以编集出版方式作为分类标准，就未能很好达到实用上的目的。因为一般来说，读者多半是从绘画种类(如油画)入手查找绘画作品的。

　　三　类目的排列

　　(一)同位类排列次序的重要性

　　在体系分类法中，同位类排列次序的重要性在于：反映客观事物本身发展和联系的排列次序(自然序列)具有科学认识意义，符合某种具体目的的排列次序(人为序列)具有检索实用意义。

　　例如，将一组关于社会生产方式的类目按社会发展过程排列成"原始社会生产方式——奴隶社会生产方式——封建社会生产方式——资本主义社会生产方式——社会主义社会生产方式——共产主义社会生产方式"这样的次序，就有很大的科学认识意义。

　　又如，将一组关于各种语言的类目按我国读者的具体需要排列成"汉语——中国少数民族语言——常用外国语(英、德、法、西班牙、俄、日、阿拉伯语)——汉藏语系——阿尔泰语系——南亚语系……印欧语系——非洲诸语言——美洲诸语言——大洋洲诸语言——国际辅助语"(见《中图法》H)这样的次序,就有很大的检索实用意义。

再如,将一组关于我国主要石窟寺的类目如果按其名称的汉语拼音字顺排列成"炳灵寺石窟——大足石窟——敦煌石窟——克孜尔与库木土拉石窟——龙门石窟——麦积山石窟——云冈石窟"这样的次序,就会使人感到杂乱无章,因为它既未反映这些石窟寺的地区分布,也未反映它们的重要性次序(请与《中图法》K879.2 比较)。

一般来说,体系分类法中同位类的排列次序对检全率和检准率的影响不是很大的,但仍要尽可能避免采用按字顺排列类目的方法或随便排列,而力求将一系列同位类排列成合乎客观规律性或合乎具体目的的次序,并以此作为衡量编制质量的一个标志。

(二) 自然序列

体系分类法优先采用客观事物的自然序列来排列类目,因为这种序列具有科学认识的意义,为读者获取知识以极大的方便。自然序列包括:

(1)按自然界的发展演化进程排列。如将各门生物学排列成如下次序:古生物学——微生物学——植物学——动物学——(昆虫学)——人类学(见《中图法》Q91/98)。

(2)按社会及各种社会现象的发展过程排列。如将世界史类的各子目排列成如下次序:上古史——古代史——中世纪史——近代史——现代史(见《中图法》K1)。

又如将国际共产主义运动类的各子目排列成如下次序:共产主义运动初期——第一国际——巴黎公社——第二国际——十月社会主义革命——共产国际(第三国际)——共产党工人党情报局——当代国际共产主义运动(见《中图法》D1)。

（3）按概念的系统性排列。如将唯物辩证法基本范畴类下的各子目排列成如下次序：现象与本质——形式与内容——全局与局部——分析与综合——原因与结果——必然性与偶然性——可能性与现实性——其它哲学范畴（见《中图法》B025）。

（4）按从低级事物到高级事物（或从简单事物到复杂事物）的次序排列。如将一组关于各级教育的类目排列成如下次序：学前教育、幼儿教育——初等教育——中等教育——高等教育（见《中图法》G6）。

又如将一组关于糖（醣）的子目排列成如下次序：单糖——二糖——三糖——四糖——其它多糖（见《资料法》Q531）。

也可以直接利用元素分类、植物分类、动物分类等科学上通用的排列次序。

（5）按物质结构的某种次序排列。如将地球物理学的三个小类排列成如下次序：大地（岩石界）物理学——水文学（水界物理学）——高层大气与空间物理学（此处气象学已单独设立与地球物理学同级的类目，见《中图法》P3）。

又如将植物解剖学类下的子目排列成如下次序：营养器官（根—茎—叶）——繁殖器官（花）——果实、种子（见《中图法》Q944.5）。

（6）按生产流程的次序排列。如将耕作一般技术类下的子目排列成如下次序：耕地——整地——耙地——镇压——中耕——除草——其它（见《资料法》S341）。

又如将高炉操作类下的子目排列成如下次序：开炉前操作——开炉、配料——冶炼过程操作——热风炉操作——炉前操作（出铁、出渣）——高炉煤气的除尘——高炉停炉操作——高炉故障及防止（见《中图法》TF54）。

（7）按习惯次序排列。如将工人、农民、青年、妇女运动与组织的类目按"工农青妇"的习惯次序排列（见《中图法》D4）。

（三）人为序列

尽管同位类按自然序列排列有很大优点，但并非所有的类目都有明显的自然序列，因而在不少情况下也必须采用人为序列。所谓人为序列实际上是按类目的重要程度排列。这种排列法虽带有人为性，但如能合理安排，也可以产生很好的效果。人为序列包括：

（1）从重要事物类目到次要事物类目的排列次序。如炼钢类下各子目的排列次序：……转炉炼钢——氧气转炉炼钢——平炉炼钢——电炉炼钢——混合炼钢……直接炼钢、连续炼钢——其它炼钢法——早期炼钢法（见《中图法》TF7）。

（2）从有现实意义的事物类目到仅有历史意义的事物类目的排列次序。如把过去时代政治制度的一系列类目作为"政治制度史"排在当代政治制度的一系列类目之后（见《中图法》D69）。

（3）从有较多文献论述的事物类目到只有很少文献论述的事物类目的排列次序。如化学肥料工业类下各子目的排列次序：……氮肥工业——磷肥工业——钾肥工业——混合肥料——微量元素肥料——细菌肥料——其它化学肥料（见《中图法》TQ44）。

（4）从抽象的、理论的、一般性问题的类目到具体的、应用的、个别性问题的类目的排列次序。如音乐类下各子目的排列次序：音乐理论——音乐技术理论与方法——器乐理论与演奏法——民族音乐理论与方法——中国音乐——各国音乐（见《中图法》J6）。

选择分类标准与选择排列次序有密切的关系。例如，对一个类使用历史分期作为分类标准进行划分，则划分后所得的一系列子目就应采用历史发展的顺序排列；若以生产过程的问题作为分类标准，则划分后所得的子目就应采用生产流程的次序排列。

（四）类目排列次序的统一性和对应性

一部体系分类法有成千上万个类目，其中很大一部分类目虽然表达的概念不同，但其性质都是相同或相似的，所以，采用统一的或对应的排列次序,可增强助记性,方便标引和检索。例如,在《中图法》中,工业技术各类的类目尽可能地都采用下列的排列次序:

> 理论
> 设计、计算、制图
> 结构、零部件、装置
> 制造用材料
> 制造用设备
> 制造工艺
> 产品、副产品及其分析、检验、应用
> 工厂、车间
> 综合利用

又如,下列二组类目虽然不同,但性质相似,因而采用了相对应的排列次序:

N〔自然科学〕		TB 1〔工程基础科学〕	
O1	数学	11	工程数学
3	力学	12	工程力学
4	物理学	13	工程物理学
6	化学	14	工程化学
P1	天文学	15	工程天文学
5	地质学	〔16〕	工程地质学
Q	生物学	17	工程仿生学

（见《中图法》）

四 类目名称及涵义

类目名称是等级体系分类语言的"语词",它限定着所表达的事物概念的内涵和外延。一个类目可以表达一种事物,如《中图法》"H631.2 印尼语";或几种事物,如"H631.3 爪哇语、巽他语、马都拉语、巴厘语";或一类事物,如"H632 密克罗尼西亚语支";也可以只表达一种事物的一个方面,如"H319.3 英语教学法";或几种事物的同一方面,如"J527 陶瓷、漆器工艺美术";或一类事物的同一方面,如"J230.2 各国绘画作品评论和研究"。

在体系分类表中,除大类类名外,其它类名字面在大多数情况下不能直接表达事物概念,其涵义都要受上位类的限定。例如,"H126.2 盲文"是指汉语的盲文,而"H026.2 盲文"则是指对盲文的一般论述或总论各种盲文。又如,"S821 马"是指从畜牧学角度论述的马,而"S858.21 马"则是指从兽医学角度论述的马。

有些类名的涵义,不仅要受上位类的限定,而且也要受下位类的限定。如"H172 北方话"是指汉语方言中的北方话,包括北方方言、西北方言、西南方言、江淮方言。

有些类名的涵义,除受上位类限定外,还要藉助于各种各样的类目注释而明确。如"G623.7 音乐、美术"类名下有注释"图画、手工、书法入此"。如果无此注释,就不一定能明确对中国小学生的汉文习字教学问题属于此类。

还有一些类名的涵义,则必须与其它有关类目进行对比,才能明确。如关于矽肺结核的 X 光诊断问题,要将"R521.87 胸膜炎(包括矽肺结核)"、"R520.4 结核病诊断学"和"R816 各部及各科疾病的 X 线诊断与疗法"这三个类目进行对比后,才能确定应入"R816.41 肺部"(参看《中图法》原文)。

在体系分类表中,根据其结构原理,某些类目的名称具有特殊的涵义。如"Q915.8 古动物分类"是指各门类古动物以及某一种古动物的演化、化石、生态学、在各地层的分布和在各地区的分布;"S826.8(羊)品种"是指新疆细毛羊等各种羊的全部畜牧学问题;"TF59 炼铁产品"是指电介质等各种铁的全部冶金问题。"其他"类的涵义包括它的同位类所不包括的一切内容,如"盲人读物印刷"这个概念应包含在"TS879 其他印刷、复写方法"一类中。如果没有"其它"类,则相当于"其它"类的内容,都归入上位类。如"学位论文"这个概念应包含在"G255.5 特种技术资料"一类中。

同一类目处于非最后一级和处于最后一级,其包括的内容(所标引的文献数量)是有差别的。例如,"K74 中美洲史"这个类目如果是最后一级,则包括危地马拉史、洪都拉斯史等著作。如果处于非最后一级,则不包括危地马拉史、洪都拉斯史等的单独著作。

　　类目名称必须符合下列各点要求:

　　(1)确切:即所用的词或词组要能准确、恰当地反映类目的实际内容范围。既不使用概念外延大于类目实际范围的词或词组来作类目名称,也不使用概念外延小于类目实际范围的词或词组来作类目名称。例如,类目的实际内容范围是硒静电复印的原理、设备及工艺,就应以"硒静电复印"为类名,而不应以"静电复印"或"硒静电复印设备及工艺"为类名。

　　当类名只能采用某个词或词组,但又不能确切表达类目的实际内容范围时,必须用注释来加以明确。例如:

O658	元素及化合物的分离方法

　　　　　　　　…………

　　　　　　　　…………

.9	其它

　　　　　　　*渗透法、电泳法入 O646.3。

　　　　　　　　　　　　　　　(见《中国法》)

　　(2)科学:即要采用比较通行的科学名词作类目名称,而不要采用不通行的同义词、俗称、旧称、不能准确表达全称原义的简称、不通行的译名、近义词等等作类目名称。如有必要,可将同义词、俗称、旧称等用括号加注于类目名称之后。如:"S566.3 甜菜(甜萝卜)"、"R269 伤科(正骨科)"。

　　(3)简洁:即所用的词或词组要概括精炼,切忌冗长,但又不致因过于简略而不能准确表达原义。例如:

图书防潮、防霉、防虫、防火	图书保护
(不概括)	(概括)

中学图书馆、小学图书馆	中、小学图书馆
（冗长）	（精炼）
借阅工作	阅览、外借工作
（意义含糊）	（意义明确）

为了达到类目简洁的目的，凡某一概念的隶属为文献标引者和检索者所易于判断的，一般可不显示在类名中，必要时可加注释予以明确。例如：

G253.4　　图书登记

＊图书清点、注销入此。

（见《中图法》）

在体系分类表中，由于下位类的涵义都是受上位类所限定的，所以，下位类类名中重复上位类的部分一般予以省略。例如：

（冗长）	（简洁）
汉语	汉语
汉语语音	语音
汉语文字学	文字学
汉语语义、词汇、词义	语义、词汇、词义
汉语语法	语法
汉语修辞	修辞

体系分类表中的类名虽力求简洁，但如果它不可能用很简洁的词或词组表达时，允许使用比较复杂的短语作类名。例如：

Q554.5　氧化还原型烟酰胺核苷酸的酶

总的说来，在体系分类表中，确定类目名称时不存在必须符合字顺排列要求的问题，因为作为标识的是分类号而不是类名。但是，类名的一定规范化还是必要的。

五　学科之间相互关系的处理

科学在其发展的全部历史进程中，总是一方面不断分化，学科愈分愈细,另一方面又不断综合,互相渗透。两种趋势都是形成新学科。现代科学有数以千计的学科,它们之间存在着错综复杂的关系。体系分类法是以知识分类为基本原理的,所以它不仅要设立大量类目来登录数以千计的学科及其论题,而且还要通过类目体系及其它手段来揭示它们之间错综复杂的关系。

体系分类表的基本结构形式——上下位类的等级排列和同位类的平等排列,是揭示各种学科或论题之间相互关系的基本手段,反映了各种学科及论题之间的大部分隶属关系(属种关系、整体与部分的关系、全面与某一方面的关系)以及并列关系。对于一些学科,可以隶属于两个科学部门的,则重点地设置交替类目(可供选择的类目)来加以反映。但是,要靠这种等级制的类目排列形式和设置交替类目的办法来揭示各种学科之间的全部错综复杂的关系是不可能的。所以,还必须藉助于类目内容范围划分规则(这种规则常常在分类法的编制说明或使用说明中有所叙述)以及通过各种类目注释来解决。关于类目注释,将在讲解分类表编制法时作详细叙述,这里主要将关于处理各种学科之间相互关系的类目内容范围划分规则加以说明。

1.边缘科学。即以两门或多门学科为基础而发展起来的科学,其中很多是一门学科应用到另一门学科,成为另一门学科的理论。如地球化学、宇宙医学、生物物理学、生物物理化学、教育心理学等。对于这些学科,综合性分类法都是在它们的重点关系方面(一般是应用到的方面)设正式类目,在另一方面设(或不设)交替类目。专业性分类法则都在本专业下设立类目,不再在另一学科部门设交替类目。

2.两门学科为各自目的所研究的共同问题。如古生物学、海洋地质学、农业经济学等。对于这些学科,综合性分类法一般是在它们的重点关系方面设正式类目,在另一方面一律设交替类目。专业性分类法则都在本专业下设立类目,不再在另一学科部门设交替类目。

3. 一类事物的总论和分论。如总论一类产品的制造和专论该类中某种产品的制造;总论一种原理或方法在各方面的应用和专论一种原理或方法在某一方面的应用;兼论一种产品的制造及应用和专论一种产品的制造或应用;总论一种产品在各方面的应用和专论一种产品在某一方面的应用;总论一件事物在各方面的影响和专论一件事物在某一方面的影响,等等。其处理原则在综合性分类法中是按重点关系分类而不按学科或问题完全集中。例如:

①专论维生素 C 的制造工艺问题,归入化学工业类下的"TQ466.3 维生素 C"类,而不归入"TQ466 维生素制造"类;

②兼论维生素 C 的制造和应用问题,归入化学工业类下的"TQ466.3 维生素 C"类;

③总论维生素 C 在医疗方面的应用问题,归入药物学类下的"R977.2 维生素制剂"类;

④专论维生素 C 在治疗动脉硬化病方面的应用问题,归入"R545.14 动脉硬化、粥样硬化"类。

总论类目与分论类目之间的相互关系,由于在分类表中处处皆是,举不胜举,所以一般不予揭示;如有必要,则在总论类目之下加以注释。在特殊情况下,有必要将某一方面的问题集中时,也可按学科问题而不按重点关系事物列类(如《中图法》"R473 专科护理学"类下的子目以及"S4 植物保护"类下各种作物灾害及其防治的子目)。这种情况,在综合性分类法中一般不作注释;如有必要,可设置交替类目(如《中图法》在农作物专用复分表中设有"〔-8〕病虫害和其它灾害"这一交替类目,但在园艺类下却不加注释)。

在专业性分类表中,对总论和分论问题,一般采取按专业集中的原则。例如,在数学专业分类表中,可以将专论数学在某一方面应用的问题全部集中在应用数学类下,专论优选法在某一方面应用的问题全部集中在优选法类下。对这种情况,既不设交替类目,也不加注释。但这样的作法不是无限制的,例如,一个医学专业分

40

类表可以将一小部分制药工业方面的资料归入药物学,但不能将全部制药工业的资料归入药物学。

4. 两门学科或两个类目的交叉关系,当其交叉部分不构成独立的学科或类目时,可视具体情况,或在两个类目下都加注释来揭示与另一类目的关系,或不作揭示。如可在中国共产党党史类下加注"参见中国近代史和现代史",在中国近代史和现代史类下加注"参见中国共产党党史"。

六 某些图书资料分类的特殊性

体系分类法一般都是以事物的本质属性或图书资料的学科性质作为主要的分类标准,在划分类目时优先加以采用。但是,也有一些类目例外。那些类目在划分时不采用事物的本质属性或图书资料的学科性质作为主要的分类标准,而是采用其它特征作为主要的分类标准。

1. 马列主义经典作家的著作。由于其内容的多方面性及重要性,不宜于分入某个学科类目而限定其具有指导意义的范围;从马列主义作为一个完整的科学体系来看,也不宜于将这些著作分散;此外,还为了体现马列主义的发展过程,因此在分类表中将这些著作集中列类并按经典作家划分和排列,同时在各有关学科类目下作互见,使其得到充分反映。这是一种特殊的分类方法。

2. 特藏。即将珍贵图书资料、具有纪念意义的整套图书资料或某一伟大人物的全部原著及有关研究资料集中列类,而不问其内容的学科性质。例如,《中图法》设有"I210 鲁迅著作"专类,包括全部鲁迅原著及有关资料;《科图法》设有"99 特藏"一类;刘国钧编《中国图书分类法》设有"000/009 特藏"一类。这种方法有一定优点,但不宜广泛使用,并须辅之以互见法,否则会破坏分类原则,造成被列入特藏的图书资料的漏检。

3. 书目。专科、专题书目,一般应按学科分散,这对于专业读者是便利的。但从图书馆或情报机构的文献检索和咨询服务工作来说，将其全部集中比较方便。一般分类法常提供集中与分散两种办法供选择。但无论是采取集中的办法，还是分散的办法，最好辅之以互见法。

4.传记。传记是叙述某个人或某些人的生平事业的，而人物的活动必然构成他所从事的事业的一个不可分割的部分。例如，政治家与政治、军事家与军事、科学家与其所从事的学科有最密切的关系。所以，传记按其性质可以归入断代史、地方史、事业史或学术史。但是，一个人物的活动往往涉及很多方面。同时，传记资料除本专业读者需要外，一般读者也是感兴趣的。所以，许多分类法往往在历史大类下设一传记小类，将其全部集中；或对各学科人物传记提供集中与分散两种办法供选择。但无论采取哪种办法，最好辅之以互见法。

5.儿童读物。由于其有特定的读者对象，一般分类法都将其与儿童文学合并列类，包括科学故事和历史故事等，而不按其内容的学科性质分类。

6.语文学习读物。如汉语拼音与汉文对照的读物、英汉对照的读物、英语附汉语注释的读物等。这些读物从内容上说，往往是属于各学科的著作，但由于出版这些读物的目的，是供学习某种语文之用，故一般分类法都在有关语言类目下列出子目，而不按其内容的学科性质分类。

第二节　体系分类表

一　分类表的功用和结构体系

分类表又称类目表，具有下列四种属性：

（1）它是一部类目的汇编，对成千上万个表达事物概念的类目起登录作用；

（2）它是一个类目的体系，从知识分类的角度揭示着各个类目之间的隶属关系、并列关系以及其它类缘关系；

（3）它是一部类目的"词典"，藉助于等级体系和注释对类目起定义作用；

（4）它是一种类目的排列表，通过线性排列形式和分类号规定着各个类目在分类体系中的位置和次序。

分类表在图书馆和情报机构中有如下功用：

（1）它是对文献资料进行分类标引和组织分类目录的规范；

（2）它是对文献资料进行分类排架的依据；

（3）它是读者从学科、专业途径检索文献资料的指南；

（4）它是图书情报工作人员在为读者查找文献资料、解答咨询问题、组织图书资料展览、进行藏书统计分析等等工作中常用的参考手册。

所以，一部体系分类表在图书馆和情报机构中不仅是一种情报检索语言，而且也是组织其它工作的重要工具。

一部完整的分类表，大体可分为下列几个组成部分：

（1）编制说明：其中包括分类表的编制经过、所依据的编制原则、部类及大类的设置和次序的理由、对各种分类问题的处理办法、标记方法、使用方法等，使人对分类表有一个初步的全面的认识；

（2）大纲：是基本大类的一览表，使人对分类体系有一个最基本的概念；

（3）简表：是一个基本类目表。这是分类表的骨架。一部大型分类表由于其详表（正文）的类目很多，在线性排列的情况下，不易掌握整个分类表的内容，通过简表就可迅速了解其概貌。如果不熟悉全表内容，在查表时可从简表入手，由简表再转查详表，不致迷失方向。简表也可供简略分类之用。小型分类表是没有简表的；

（4）详表：也称主表，是分类表的正文。详表由类目、类号和注释组成。类目的隶属和并列关系以及级位是用缩行、齐行和不同字体来表示的。类号在排版时除使用不同字体外，还采用分段省略的办法。在一些大型分类表中，在每个大类和二级类目之前，还列出"基本类目"，以帮助查表者迅速了解该类的内容；

（5）辅助表：也称复分表，是一组组的标准子目表，用以对主表中列举的类目进行细分。辅助表可分通用复分表和专用复分表。通用复分表都附在主表之后，专用复分表则插在主表中的有关部分；

（6）索引：这是根据标题法的原理，将类目改成标题形式，按字顺排列，并注明相应的分类号。这样不仅可方便查表，而且还可将分类表中因为按学科分类而被分散的同一事物不同方面的资料集中，使分类法在某种程度上兼有主题法的性能；

（7）附录：是文献资料分类标引中经常要查阅的参考资料，一般不属分类表的有机组成部分。

二 分类表的编制法

（一）列类方法

列类是按逻辑分类原理并结合实际需要，列举（收集、选择）各种学科和事物概念，并将其安排、组织的过程。

在体系分类表的编制实践中，结合具体情况，创造了多种列类方法，大体可归纳如下：

（1）正规列类法。即对一个外延较广的概念或范围较大的类目（它代表具有某种共同属性的一类事物或文献资料），采用某一个分类标准进行划分，形成一系列外延较窄的新概念或范围较小的新类目。这些新概念外延的总和或新类目范围的总和，相等于原来被划分的概念或类目。例如,将"工程材料"一类划分为"金属材料"和"非金属材料"两个子目。这种列类方法虽是正规的列类方法,但实际上很难完全按此要求列类,所以在编表实践中,广泛采用的是下述各种变通的列类方法。

(2)列举列类法。即虽是采用某一个分类标准来编列一系列子目,但其总和少于被划分的上位类,未列子目的事物概念,或者设一"其它"类加以概括(如"TS932 雕塑工艺"),或者包括到上位类中(如《资料法》"TS935.1 中国刺绣"列举了六种,实际上还有,像许多少数民族的刺绣就未列入,这些未列入的事物概念包括到上位类中)。这种列类方法在编表实践中用得较多。采用列举列类法时,某些未列子目的事物概念,分类表的使用者不一定能容易地辨别它们的同位概念和上位概念,所以应尽量列出,或加注于"其它"类下,以方便标引和检索。

(3)重点列类法。即只列出少数几项重点内容作为子目,其余内容仍包括在上位类中。这种列类方法主要用于从级位较低、无须全部细分的类目中分出个别有必要单独列出的内容。如:

     R767   喉科学、喉疾病
      .04   喉部检查法
            (见《中图法》,请对比 R760)

(4)罗列列类法。有两种情况:一种是并非根据某个明确的划分标准,而是根据文献的实际情况和检索的实际需要,罗列一些概念构成一系列子目(如 K892,K928)。这种情况的罗列列类法灵活性很大,比较切合实际情况,但要仔细安排,否则会给人零乱的感觉,另一种是根据某一分类标准构成一系列子目之后,再根据具体需要设立几个按别的分类标准构成的子目与其并列(如K512,K85)。这种情况的罗列列类法较有规律,可压缩类目级位。罗列列类法在编表实践中用得相当广泛,到处可见。

(5)对应列类法。即采用相关学科的同一分类标准来构成相对应的一组子目。例如,将"TB1 工程基础科学"按自然科学的同一分类标准划分为"工程数学"、"工程力学"、"工程物理学"、"工程化学"、"工程天文学"、"工程地质学"、"工程仿生学"这样一组与自然科学各类相对应的子目。这种列类方法有明显的规律性和助记性,是一种较好的列类方法。采用分类号直接组配法,也可达到这种对应列类法的效果,而且比较灵活。例如,《中图法》规定,"O29 应用数学"必要时可以用分类号直接组配法构成一系列与分类表序列一致的子目。

(6)集中列类法。即根据检索上的特殊需要,把按照划分原则应分散的内容集中列类。例如,《中图法》中的"R473 专科护理学"和"R73 肿瘤学"两组类目就是使用这种列类方法构成的。采用这种列类方法应是确属需要。用得太多,就会破坏分类体系,造成支离破碎的后果。但运用适当,效果是很好的。

(7)突出列类法。即将个别重要事物单独列类,用提高类目级位的办法加以突出。例如,《中图法》中对有关中国的各类目,以及"P4 气象学"、"TL 原子能技术"、"TF5 炼铁"、"TF7 炼钢"以及"H1 汉语"、"H2 中国少数民族语言"和"H3 常用外国语"等,都是用这种方法列类的。这种列类方法不宜多用,特别是不宜在类目级位较低的场合使用,否则会造成混乱。但如使用得法,效果是很好的。如《中图法》H1、H2、H3 三类突出列类,是比较成功的;而 TF5/79 四类突出列类,体系上就不够清晰。

(8)压缩列类法。即将一些次要事物归并,用一个类目加以概括,然后再行细分,以压低其类目级位。例如,《中图法》中将冷硬铸造、压力铸造、金属型铸造等用"TG249 特种铸造"加以概括,达到压低其类目级位,从而相对地提高一般砂型铸造类目级位的目的。这种列类方法虽有缩短主要类目分类号的效果,但一部分类目涵义使人费解。

(9)归附列类法。即将按学科分类不能集中在一起的事物按某种联系归附于有关类目。如《中图法》中对各种专用机械制造采取在各该专业范畴列类的办法即是归附列类法。又如，"TS976家庭管理"划入"TS 轻工业、手工业"范畴也是用的归附列类法。这种列类方法也不易使人理解，只在必要时和不得已时采用。

（10）合并列类法。即将若干个相近的并列概念合并设立一个类目，或构成一个类组。如《中图法》"TS935 刺绣、编结、制毯"、"O 数理科学和化学"。这种列类方法容易处理兼论的著作，也可解决分类号分配上的困难，以及便于编制分类目录的导卡。这种方法也可用于分类表修改时增加新概念，即在原有的类名旁增加一个并列概念。

（11）多重列类法。即同时采用几个分类标准分别建立几个平行的子目系列，这几个系列之间内容是交叉的。例如，《中图法》"TN31 半导体二极管"、"U448 各种桥梁"、"J31 雕塑技法"这些类目的细分都是用的多重列类法。多重列类法必须与最前标号法或最后标号法同时使用，才能提高检全率和检准率。在改进体系分类法结构的探索中，这是值得重视和进一步研究的一种列类方法。

（12）交替列类法。即将可以隶属于两个或两个以上学科、专业的事物在各有关类下都设立子目，并视需要选择其中之一作正式类目，由另一处引见正式类目。如在《中图法》中古生物学有Q91 和 P52 两个类目，可选择使用。其中 Q91 列有许多子目，如采用 P52 时，可仿 Q91 细分。这种列类方法只用于综合性分类表，可增强综合性分类表对专业性图书馆和情报机构需要的适应能力。

（13）双表列类法。有的分类表，如苏联《ББК》的"П 农业和林业、农业科学和林业科学"类就列有一个以学科分类为主的类表和一个以地区分类为主的类表，可选择使用或同时使用。这种列类方法，可更好地增强综合性分类表对专业性图书馆和情报机构需要的适应能力。

（14）专表列类法。在有的分类表中，如在苏联《ББК》中，"Ш8/9 儿童书籍"类实际上是一部专门的儿童书籍分类表，既可作为整个《ББК》的一类，也可单独使用。这也是一种增强综合性分类表的适应能力的方法。

（二）统一类目和简化类表的方法

体系分类表是一个展开式的结构，层层划分，形成成千上万个类目，头绪繁多，如果不加以控制和规范，将会使它庞大和复杂到无法使用的地步。所以必须采用各种统一类目和简化类表的措施，加以改进。

统一类目是指对同类事物的各个类目采用统一的分类标准和划分程序，划分所得的子目系列采用统一的排列次序；简化类表是指压缩分类表的篇幅，减少划分的层次和避免多余的类目。统一类目和简化类表的目的，是使分类体系简明，有序可循，易于理解记忆，便于查检使用。

类表的简化，可以用代表各种事物的各方面问题、各组成部分等等的标准子目系列，将其与代表各种事物的类目进行组合来实现。所以，类目设置的统一化、标准化是类表简化的前提。

编制复分表和设置仿分类目，是统一类目和简化类表的主要措施。

所谓复分表，就是将一系列类目所具有的相同子目从主表中抽出来单独编制成的辅表。在进行分类标引时，将主表的分类号与辅表的分类号加以组合，构成一个具体的分类号，表达一个具体的概念。例如，将分类号 K9（地理）和世界地区表中的复分号 313（日本）组合起来，即构成"K931.3 日本地理"这个子目。这种方法的原理，就是概念的分析与综合。

复分表可以分为通用复分表和专用复分表。前者是整个分类表各大类通用的，后者只在某一大类甚至只限于在某一更小的类

48

使用。常见的通用复分表有总论复分表、地区复分表、时代复分表、民族复分表等。专用复分表则是多种多样的。目前,体系分类法有越来越多地采用各种复分表的趋势。

仿分类目与专用复分表性质基本相同,只是不单独编表而已。例如,在《中图法》TG51 的上面有一条注释:"以下 TG51/66 可仿 TG50 细分,如车床工作原理为 TG510.1,立式车床的加工方法为 TG515.6。"可见,TG501/508 实际上就是各种金属切削机床类目的一个专用复分表,将其类号减去 TG50 剩下的就是复分号(上例 TG510.1 中的"0"是为避免类号重复而附加的)。

此外,还有一种与复分表和仿分法相似的办法,即类号的直接组配。例如,在《资料法》TM33 的上面有一条注释:"以下各种电机,有必要按上列观点区分时,用组配方法表示。例:直流电动机为 TM33∶TM32;异步发电机的制造为 TM343∶TM310.5。"例中 TM33 为直流电机,TM32 为电动机,两者组配即概念相交,成为"直流电动机";TM343 为异步电机,TM310.5 为发电机制造,两者组配便成为"异步发电机制造"。

(三)标记方法

现代的分类表都使用分类号(由具有自然顺序的标记符号组成)来代表类目,一方面标引文献比较方便,另一方面可明确各个类目之间的先后次序,便于排列目录和组织藏书,甚至还可在一定程度上表达各个类目之间的隶属和并列关系,以及描述某一个类目的涵义。

可用作分类号的标记符号种类有阿拉伯数字、罗马数字、各种拼音字母、某些符号和自然语言中的字或词。其中用得最广泛的是阿拉伯数字和英文字母。各种符号都是配合数字和字母,而不单独使用。直接表达概念涵义的字或词只在个别场合使用。

分类号按其所用标记符号可分为:

(1)纯数字分类号(比较多见);

（2）纯字母分类号（比较少见）；

（3）字母与数字结合的分类号（比较多见）；

（4）字母与数字混合的分类号（很少见）。

以上各种分类号一般都或多或少使用某些符号，但也有完全不使用符号的。

纯数字分类号易写易读，顺序明确，使用方便，可提高工作效率和减少差错；但十个基数用来标志多于十个的同位类有困难，用一些补救办法则会增加分类号长度。纯字母分类号因字母个数多，可标志更多的同位类；但字母不及数字易写易读，顺序明确性也不如数字，所以使用不便，工作效率低，容易发生差错。一般认为，使用一位或两位字母还是可以的。所以，目前许多分类法用字母来标志大类，用数字来标志其余类目，即采用字母与数字结合的分类号，兼取两者的长处。

分类号的构成方法称为标记制度，可分为：

（1）顺序制。即用若干个数字或字母编成固定长度的、连贯的号码，按分类体系中类目的直线排列顺序依次标志全部类目。其编号方法如图 11 所示：

```
001          × × × ×
002              × × × ×
003                  × × × ×
004                  × × × ×
005                  × × × ×
006          × × × ×
007                  × × × ×
008                  × × × ×
009          × × × ×
……          ………………………
……          ………………………
```

图 11　顺序制标记法示意

50

显然,这种标记法可使分类号特别简短。但由于号码是连贯的,所以要在分类表中增加一个新类目就有困难。一种改进的办法就是间隔标号法(跳号法),即不是001、002、003……这样连着编号,而是005、010、015……这样跳着编号,于是在增加新类目时就可利用中间的空号。

(2)层累制。顺序制标记法虽有号码简短的优点,但是分类号不能显示类目之间的隶属和并列关系;倘若需要将类目展开加细,编号就有困难;对于新增类目,虽可用间隔标号法留出空位,但这种留空位的办法是盲目的,实际上不能完全解决问题。因此,针对顺序制标记法的缺点,出现了层累制标记法。即用一位数字或一个字母来标志大类,再加一位数字或一个字母来标志它的下位类……如此层层累加数字或字母,用来表达类目的层层划分,以及类目之间的隶属和并列关系。其编号方法如图12所示:

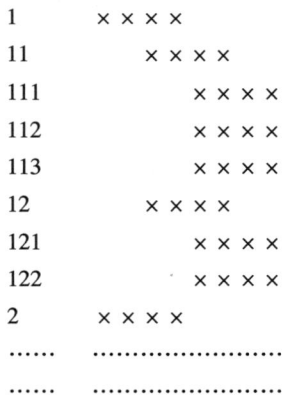

```
1        × × × ×
11           × × × ×
111              × × × ×
112              × × × ×
113              × × × ×
12           × × × ×
121              × × × ×
122              × × × ×
2        × × × ×
……      …………………
……      …………………
```

图12 层累制标记法示意

(3)混合制。层累制标记法克服了顺序制标记法的一些缺点,但是如果类目等级一多,其号码就会随之加长;同时,同位类如果超过十个时,就得用两位数字标记,也要加长号码,而分类号过

51

长,就会造成使用上的困难,不但降低工作效率,而且导致差错增加。因此要设法缩短号码,于是又有混合制标记法的出现。

所谓混合制,即将分类号分成两部分,一部分用层累制,一部分用顺序制。混合制标记法又可分为下列两种:

a)顺序－层累制标记法。如《科图法》所采用的标记方法;

b)层累－顺序制标记法。这种标记法很难举出典型的例子,一般只在局部使用,如《科图法》59.5172/5179 所采用的标记方法。此外,在后面将要提到的用几个同位类号同时展开的方法,借用上位类的同位类号的方法,也可以认为是应用层累－顺序制的原理。

在分类表的编制实践中,在采用层累制的情况下,由于类目设置实际情况的复杂性和标记符号的局限性,因此必须采用各种变通的标记方法,以及除阿拉伯数字和字母以外的各种符号。现将那些特殊的标记方法归纳如下:

（1）八分法。这是解决同位类超过十个阿拉伯数字限度时的一种标记方法。典型的八分法是印度阮冈纳赞创造的。其办法是只用 1～8 八个数字来标记同位类,当同位类超过八个时,不用 9 而用 91、92……98 来标记,如果同位类超过十六个时,则不用 99 而用 991……998 来标记。这就是说,9 在这里都不算一级,它要与其后面的一位数字结合起来才算一级。即:91 相当于 9(8＋1),92 相当于 10(8＋2),991 相当于 17(8＋8＋1),992 相当于 18(8＋8＋2),以此类推。例如:

$$
\begin{array}{c|c|c|c|c|c}
 & 1 & 4 & 9.3 & 92. & 991 \\
= & 1 & 4 & 11 & 10 & 17 \\
\end{array}
$$

上述"149.392.991"这个九位数的分类号所标志的实际上只是一个五级类目(即第 1 大类下的第 4 个二级类下的第 11 个三级

52

类下的第 10 个四级类下的第 17 个五级类）。

目前八分法已不限于用 9 这个数字来展开，而是选用 1~9 中间任何一个数字来展开。因为展开后号码会加长，所以尽量将展开号码加在文献数量较少的类目上。例如，《中图法》的 R71……R79 就是属于八分标记法。

（2）双位法。这是解决同位类个数很多的一种标记方法，即在展开时一下就用两位数字。如《资料法》的 Q959.7 和《中图法》的 TQ 类展开时所用的标记方法，可以认为是双位法。双位法也可称为百分法，但不用 00~09、10、20……等号码，所以实际上只能标志 81 个子目。这种方法极少见。

（3）用几个同位类号同时展开的方法。如《资料法》中双子叶植物的"桃金孃目"分为十八个科，就是用 Q949.761 和 Q949.762 两个同位类号同时展开来容纳的。这种方法也是为了解决同位类个数很多的问题，在展开时也不用 10、20……等号码。

（4）借号法。即当同位类个数多于九个，但只多一个或两个时，就借用其中某个同位类的一个、两个多余的下位类号，这些号码常常是 9 或 8 和 9。如《中图法》中的 R149、R169 以及 TU19、TU98 和 TU99。这是借用同位类的下位类号，是将类号降级。此外，还有借用上位类的同位类号，将号码升级的，如 Q959.262/.264、Q959.266/.269，但这种例子较少见。

（5）前置增号法。即在上位类号后先加上"-"、","或"."之类分隔符号，然后再加表示下位类的号码，这样构成的分类号就可排在前面而扩充同位类类号的数目。例如：

R245	针灸学、针灸疗法
-0	一般理论与方法
.1	电针
.2	火针
.3	水针

　　　　　　…………

Π24　　　　　蔬菜栽培

　,1　　　　　宅旁园地

　,2　　　　　集体菜园

　,3　　　　　学校菜园

Π240　　　　保护地蔬菜栽培

　　　　　………………

（见《ББК》）

П.a　　　　马克思列宁主义经典作家论农业

П0　　　　　农业的自然科学和技术基础

П1　　　　　普通作物栽培学

　　　　………………………

（见《ББК》）

　　（6）分段标记法。如《国际十进分类法》等使用各种符号将分类号分成若干段，易于明确类目涵义，也便于在每段扩充。例如：

　　　63(42)"18"　农业（英国）"十九世纪"　（见《UDC》）

　　　Ш5(0)31　文学（世界）古代东方　（见《ББК》）

　　此外，也可采用数字和字母混合编号的办法来达到分段的目的。例如：

　　　Ш1в2　语言学——与其它学科的关系

　　　　（Ш1）　　　　　（в2）

　　　　　　　　（见《ББК》）

　　（7）插入法。将一个复分号或分类号加上括号之类的分隔符号插到另一个分类号中间，可以构成专指概念，并改变分类体系。例如：

　　　329　　　　　　政党

　　　329.142　　　　社会党

54

（43）	德国
329（43）142	政党（德国）社会党
	（参看《UDC》）

（8）组配法。即将两个表示简单概念的类号用组配符号组配成一个复合类号，来表示一个分类表中未列的复杂概念。例如：

31:63　　统计学:农业　　（农业统计）

（见《UDC》）

（9）合成法。即将两个或两个以上简单类号合成一个复合类号，来表示一个分类表中未列的复杂概念。例如：

669.15	合金钢
669.24	镍合金
669.74	锰合金

$\longrightarrow$ 669.15'24'74

镍锰钢

（见《UDC》）

（10）并列法。即将两个或两个以上类号并列组成一个复合类号，以表示一篇文献涉及的范围。例如：

621.43＋621.1　　内燃机和蒸汽机

（见《UDC》）

（11）扩充法。即将一系列连续的分类号缩写成起止形式，以表示一篇文献涉及一系列连续的类目。这一系列连续的类目也可能构成一个概括性的概念。例如：

592/599　　动物分类学

（见《UDC》）

（12）前置推荐法。即将一个特定的符号按特殊规定排列在一般分类号的前面，作为推荐。例如：

D9a	马克思、恩格斯、列宁、斯大林、毛泽东论法律
D9	法律

55

D90　　　　　法的理论(法学)

(见《中图法》第 1 版)

（13）文字标记法。即直接用文字来标志某个类目的概念。例如：

T3(5Кит)5　　　历史(亚洲中国)近代

(见《ББК》)

19(42)Bacon　　　哲学家(英国)培根

(见《UDC》)

在分类表编制实践中,有时可同时采用几种标记方法以处理比较复杂的情况。例如,《资料法》使用 Q969.424.4/.428.7 这一段类号来标志昆虫分类学的"谷蛾总科"及其 39 个并列的子目,就同时采用了几种标记方法。

复分表子目的标记可分为两种:一种是不带特殊标志的标记,如《中图法》的世界地区表等,复分号加到被复分的分类号上以后即融为一体,不易辨认,但号码较短;另一种是带特殊标志(含一定意义的分隔符号)的标记,如《中图法》的总论复分表等,复分号加到被复分的分类号上以后具有分段形式,易于辨认,但号码较长。

在某些分类法(如杜威《十进分类法》)中,号码"0"往往有特殊的用法,一般仅限于表示总论(一般性问题)细分和形式复分,不作它用,这就相当于一个特殊标志,代表着另一种分类标准。

（四）注释方法

类目注释有助于明确类目的涵义和类目之间的关系,也有助于掌握分类表的使用方法,所以,对一些类目加必要的注释,是提高分类表质量的重要手段。

1.注释的种类

类目注释的种类很多,按其性质,大体可归纳为范围注释和方法注释两类。

（1）范围注释。其作用是说明某个或某些类目的内容范围，或者说明某几个类目之间的联系或区别。范围注释有下列几种：

a）类目定义注释；

b）指明本类包括的内容或不包括的内容的注释；

c）区别一系列类似事物的属此属彼的注释；

d）指出相关类目（具有交叉关系的类目）的注释；

e）从交替类目指向在另一处的正式类目的注释；

f）指出类名的同义词的注释；

g）指出类名的外文名称的注释。

（2）方法注释。其作用是说明某个或某些类目的细分方法，或者说明与分类目录和分类排架有关的某些方法问题。方法注释有下列几种：

a）指出按通用复分表或专用复分表细分的注释；

b）指出仿某个类目细分的注释；

c）指出用组配法细分的注释；

d）指出特殊分类规则的注释；

e）指出互见方法的注释；

f）指出可供选择的分类方法的注释；

g）指出分类号组合方法的注释；

h）指出同类文献排列方法的注释；

i）指出书刊排架方法的注释。

2. 注释的方式

类目注释必须是准确、简短、明了的，力求避免作那些含糊的、自相矛盾的、冗长的、不必要的和错误的注释。

对类目作注释，既不强求一律，但也要有一定规范。可根据具体情况，采用合适的注释方式和措辞。

注释方式可以分为：

a）简单的注释与带实例的注释。如："总论入此，专论入有关各类",这是简单的注释;"总论入此,专论入有关各类。例:……",这是带实例的注释。

b）笼统的注释与具体的注释。如:"制造入此,使用人有关各类",这是笼统的注释;"制造入 TH73",这是具体的注释。

c）指示性的注释与参考性的注释。如:"依……分",这是指示性的注释;"……入此,如愿入有关各类,可……"、"得依……分",这是参考性的注释。

d）对一个类目的注释与对一组类目的注释。对一个类目的注释,总是置于被注释的那个类目之下。对一组类目的注释,可以置于被注释的那组类目之前（如《中图法》第392页右栏第一行的注释),也可以置于被注释的那组类目中排在最前的那个类目之下（如《中图法》"TG14 金属材料"类下的注释,对 TG14/148 各类目都适用）。

（五）类目索引编制方法

体系分类法的使用常常会遇到一些查表上的困难,这些困难很大一部分可以用类目索引来解决。

类目索引的原理,是将分类表中的类目名称改成标题形式,按字顺排列,并指出相应的类号,以便按字顺查找。它的功用,一是帮助不熟悉分类表的使用者迅速找到所需的类目;二是可以将分类表中分散的有关同一主题各个方面的类目集中显示,提供从主题检索的途径;三是将名同实异的类目集中并加注释区分,可帮助分类表使用者进行比较、分辨、准确地选择类目;四是可以补充分类表中未列出的同义词和其它概念。所以,类目索引是分类表的重要辅助工具。

类目索引可分为直接索引和相关索引两种。

直接索引又称单一索引,是将分类表中的类目（有时也可包括一些重要的注释和实例）按照字顺排列。如中国人民大学图书馆《图书分类法》旧版的索引即是直接索引。这种索引虽然也要

58

对某些类目的形式进行加工规范,但比较简单,所以质量较差,很少使用。

相关索引又称双关索引。这种索引的编制方法是:(1)按标题法的原则将类目名称进行仔细加工规范;(2)对涉及两个主题概念的类名做两条索引款目,以便在两个标题下都能查到;(3)利用倒置标题形式实行轮排,使某些概念在特称和类称标题下都能查到,并可使同族概念集中;(4)补充分类表类名和注释中未列的概念(如类名同义词,新学科、新技术名称,重要的历史事件、人名和著作名,动、植、矿物名,常见化合物名称,常见产品名称以及因类目未加细分而没有列出的重要问题等);(5)对于须进一步依复分表分、仿分以及可交替使用的类目,用一定的符号或形式表示出来。现将相关索引的索引款目作法举例如下(见图13)。

三 分类表的设计和编制程序

编制一部分类表,首先要确定它应具备一些什么功能。为此,必须明确这样一些问题:

(1)分类表的用途。例如,是仅供编制检索工具使用,还是供编制检索工具和进行分类排架两方面使用;

(2)分类标引的对象。例如,是单一学科、专业还是多种学科、专业的文献资料;是只限于国内文献资料还是国内外文献资料都有;是只有较新资料还是包括许多古旧资料;是单一类型还是多种类型的文献资料;数量多少;

(3)检索者的需求类型。例如,是为解决科研工作问题而进行的情报检索,还是为学习或其它需要查找书刊资料;是单一需求类型还是多种需求类型。

这些问题明确之后,在设计分类表时应决定的主要问题包括:

(1)所要编制的应是一部综合性分类表还是专业性分类表;是全面地均衡地设置类目还是有所侧重;

类　目　原　名	索　引　款　目
O632.7　链上含芳香和氢化芳香环 　　　　的碳链聚合物	碳链聚合物 　，链上含芳香和氢化芳香环的 　　　　　　　　　　　　O632.7
R692　　肾疾病	肾 　——疾病　　　　　　　　R692
R521　　肺结核	肺 　——结核　　　　　　　　R521 结核 　，肺　　　　　　　　　　R521
S141　　农家肥料 S143.7　微量元素肥料 S145.6　速效肥料 S144.2　抗生菌肥料	农家肥料　　　　　　　　　S141 微量元素肥料　　　　　　S143.7 速效肥料　　　　　　　　S145.6 抗生菌肥料　　　　　　　S144.2 肥料 　，农家　　　　　　　　　S141 　，微量元素　　　　　　S143.7 　，速效　　　　　　　　S145.6 　，抗生菌　　　　　　　S144.2
P426.62　液态降水	液态降水　　　　　　　P426.62 降水 　，液态　　　　　　　P426.62 降雨　　　　　　　　　P426.62 雨　　　　　　　　　　P426.62
Q142.6　　放射生态学 〔Q691.6〕　放射生态学	放射生态学　　　　　　　Q142.6 　　　　　　　　　　〔Q691.6〕
G259.3/.7 各国图书馆事业 　　　△依世界地区表分。	图书馆事业 　，各国　　　　　　　　G259② （注：②是世界地区表代号）

图 13　体系分类表类目相关索引的索引款目作法举例

60

（2）分类表的规模（类目数量）；

（3）分类表的组成部分；

（4）类目的划分原则（分类标准的选择和使用原则）；

（5）类目之间相互关系的处理原则；

（6）注释的种类和方法；

（7）标记符号和标记制度。

设计的结果应形成书面资料（计划、规定、图示等），并应进一步拟定一个编制程序，以便有条不紊地开展编制工作。

分类表的编制程序大体如下：

（1）设计（如上所述）；

（2）初步调查研究，拟出分类大纲或二级类目（可参考已有分类表、检索工具、有关工具书、教科书，并结合具体情况考虑）；

（3）进一步调查研究（可按大类分别进行），搜集类目素材，构思大类的体系，整理编排分类表的片断（包括类目注释、专用复分表）；

（4）将各个大类进行综合、平衡、调整，建立类目之间的联系，解决类目之间的冲突，达到全表的统一；

（5）配置分类号；

（6）编制通用复分表；

（7）再一次作总体和逐类审查、修改；

（8）试标引；

（9）修改、定稿；

（10）编制索引。

四　分类表的使用法

分类表的使用，主要根据文献分类的基本原则和一般规则，以及特定分类表对某些学科、类型文献资料分类所作的具体规定。

此外，还可根据分类表使用单位的具体情况，允许有某些使用上的灵活性。包括：

（1）允许根据被分类的文献量作详细分类或简略分类，即或者使用全部类目，或者只使用到某一级类目为止（等于删除某些不需要的细目）。专业性图书馆或情报机构使用综合性分类表时，一般对本专业的文献资料作详细分类，非本专业的文献资料作简略分类。对于专用复分表和通用复分表，也可以根据具体需要，决定全部使用、部分使用或不使用。但是，凡在分类表中作简略分类的地方，对于那些不使用的类目，应注明或勾掉，以免造成分类不统一。

（2）允许分类目录作详细分类，分类排架作简略分类。如采用这种办法，亦应在分类表上注明。

（3）一种文献在分类排架时只能归一类，在分类目录中允许归数类（采用互见法和分析法）。

（4）当分类表的类目不够详细时，可采用下列几种办法进行加细：a）扩充，即补充子目；b）增加专用复分表细分；c）采用仿分法细分；d）使用组配复分法、国家区分号、时代区分号等细分。国家区分号和时代区分号在必要时可插入原有分类号中间适当位置。

（5）专业图书馆或情报机构使用综合性分类表时，可采用下列几种办法将某些类目进行专业集中：a）选用列于本专业下的交替类目；b）对某些类的分类规定进行修改（例如，将论述某种产品在各方面应用的著作集中于该种产品制造的类下，将某种金属加工工艺在各方面应用的著作集中在该种工艺一般著作的类下，将专论某种工厂建筑的著作集中在有关工业的类下，等等）。

（6）新出现的事物或学科在分类表中无专类时，可采用下列几种办法处理：a）入上位类；b）靠类标引（例如，将论述光纤维制造的文献分入光通讯类目，因为作光通讯材料是光纤维的主要用途）；c）增补新类目。

62

五 分类表的管理

分类表的管理是指不断地、有秩序地、有系统地进行修订而言。其必要性在于：

（1）体系分类表是列举式的，但它既不可能将已有的一切学科和事物罗列无遗，更不可能列举出尚未出现的各种学科和事物，而新学科、新事物却天天都在涌现出来，要求分类表予以安置和反映；

（2）随着文献资料的不断增加，要求分类表不断加细；

（3）人们对客观事物的认识是不断发展的，分类观点也会改变。例如，过去许多分类法都把照相技术隶属于艺术类，可是实际它已远远超出了艺术上应用的范围，而应该隶属于技术类；

（4）一部分类法编成后，不可能完满无缺，而需要逐步完善。特别是，它应随着文献分类学的进步而不断改进、提高。

由此可见，一部分类法如果不是连续不断地进行修订，就要被淘汰，甚至很快就会被淘汰。国外某些分类法之所以能延续使用几十年、一百多年，得以维持的一个主要原因，就是不断进行修改，使其勉强能跟上科学技术和社会的发展。

分类表的修订包括：（1）扩充加细；（2）增加新类目；（3）增加新概念；（4）删除不必要的类目；（5）调整类目之间的关系；（6）调整不合理的类目排列次序；（7）调整类目的范围；（8）改革某些类的体系；（9）采用分类新方法，等等。现分述如下：

（1）扩充加细。其方法有：a）将某个类目进一步划分为若干子目；b）另编专用复分表，在需要加细的类目下注："依专用复分表分"；C）在需要加细的类目下注："仿××分"或"用××组配复分"。

（2）增加新类目。其方法有：a）利用预留的空号位置；b）加在类列的末端；C）用借号法插入；d）用前置增号法增入。

（3）增加新概念。是指在原有类目中增加新概念。其方法有：a）将新概念与原有类名并列；b）在原有类目下用注释指出；c）在原有类名后增加同义词注释。

（4）删除不必要的类目。其方法有：a）直接删除；b）改作上位类的注释；c）并入有关类目（应在有关类目下加注）。

（5）调整类目之间的关系。其方法有：a）对不合理的类目隶属关系，可将需要调整的类目移至应隶属的类下（仿增加新类目的几种办法处理）；b）根据需要在另一处设新类目，将原有类目改为交替类目；c）增加或修改注释（处理相关关系）。

（6）调整不合理的类目排列次序。一般说来，只有在极其必要时才这样做。例如，刘国钧原编、北京图书馆修订的《中国图书分类法》（1957年5月版）为将"马克思列宁主义部"置于最前，并与"哲学部"衔接，而将"总部"移至最后；又如，安巴祖勉主持改编的《图书分类法》，将人类学、人体解剖学和人体生理学从"自然科学"和"医学"两类中抽出合并为一新类，置于"自然科学"类后，又将医学、保健从"技术"类中抽出，置于"技术"类前，以与"人类学、人体解剖学、人体生理学"类衔接（参看1958年10月中华书局版该表译本）；再如，托罗帕夫斯基改编的《十进分类法》，在地区表中利用"C"字母将苏联置于其他地区之前，等等。

（7）调整类目的范围。例如，在《DC》和《UDC》中，第二大类是"宗教"。托罗帕夫斯基在改编时改为"反宗教与宗教"；安巴祖勉在改编时又改为"科学无神论宣传"。

（8）改革某些类的体系。这是将整个类重新编制，只利用原来的类号和类名。这种改革，对兼用于组织排架的分类表是很难实行的，对仅用于组织目录的分类表，必要时可以实行。

（9）采用分类新方法。例如，引进插号等。

分类表如果仅在一馆范围内使用，则其修订可直接在分类表上进行。否则，应当用出版新版、增订表或供更换用的插页的形式进行,也可用刊物形式定期(如每半年)公布。

有的国家对《UDC》类目索引每四年出一次新版(中型版),从中可以查出新增的概念。

分类表的修订涉及到分类目录和分类排架,必须随之改正。

第三节 体系分类法的性能

一 体系分类法的检索效率

体系分类法具有按学科或专业集中地、系统地揭示文献资料情报内容的功能,可使检索者"鸟瞰全貌","触类旁通",这对于有系统地掌握和利用一个专业范围的情报来说,是很方便和有效的。

体系分类法能够直接地、自然地满足从学科或专业出发的范围比较广泛的检索课题(泛指性检索)的要求,达到较高的检全率。但是,现代科学技术各部门之间互相渗透和综合的形势,使它越来越难于充分地、合乎客观实际地反映多维性的知识空间了。因此,它的学科系统性是有一定限度的。

体系分类法在满足专指性检索要求方面的能力随其类目的深入细分程度而定。类目越细,专指度越高,则检准率也越高;反之,类目越粗,专指度越低,则检准率也越低。但是,一般说来,体系分类表的类目数量总是比较少,因此是比较概括的,专指度不可能很高,导致检准率降低,在检索时对文献的甄别工作量比较大。在检索时往往必须藉助于分类号以外的其它著录事项对文献进行甄别,是体系分类法不适用于标识单元方式检索系统的原因之一。

用体系分类法编制的手工检索工具,对于从学科、专业出发的检索课题,在检索速度方面往往不低于机械化、自动化的检索系统,并且检索费用可低于这些系统。

体系分类法按学科性质来建立事物概念体系的特点,导致从不同学科论述同一事物的文献的分散,对全面检索有关某一事物的文献(跨学科、跨专业的检索)造成较大困难,容易产生漏检。

体系分类法的先组定组式标识,缺乏按任何特征进行组配检索的可能性。

在体系分类法中,一些比较细小的概念或新学科新事物的概念往往被隐蔽在检索者不知道的类目下,不易查找。体系分类法较多地采用隐含的类目内容范围划分规则来处理学科或论题之间的相互关系,检索者也不易理解。体系分类法不可能详尽无遗地列举一切事物概念,以及不可能灵活修改和及时补充,也会导致文献分类和检索上的困难。

以上这些情况,都会影响体系分类法的检索效率。编制类目索引,可起一定的补救作用。

总的说来,由于人们经常从学科或专业角度出发检索文献,体系分类法在这方面有"鸟瞰全貌"、"触类旁通"的优点,加之,这种分类法除组织检索工具外还有许多其它用途(如分类排架、藏书分类统计等),是其它情报检索语言所不能代替的,所以它至今仍然占据着传统情报检索语言的地位。

二 体系分类法的某些问题

(一)集中与分散的矛盾问题

检索文献时,检索者总是希望最好在一个地方就能很方便地把所需要的文献资料都查出来,而不要在整个目录中到处探索;能够把与检索课题有关的各种文献资料查全,不要遗漏;在与检索课题非常切合的文献资料缺乏的情况下,也能够找到一些内容相当、足资参考的资料。这就是集中一个学科、一个专业、一个问题、一件事物有关文献资料的要求。体系分类法虽则具有按学科或专业集中地系统地揭示文献资料情报内容的优点,但只是在某些场合,可以基本上达到这些要求；在较多的情况下，却未能很好地满足这些要求。在体系分类法中存在着多种多样的同类文献被分散的现象，形成"集中与分散"的矛盾。这主要表现为：

（1）当同一类的事物共同具有几组属性，若只采用其中一组属性作为分类标准时，仅被用作分类标准的一组属性可分别集中具有该组某一属性的事物，但从另一角度来看也是具有同一属性的事物（它们也可构成一类），因该属性未被用作分类标准而被分散，且无检索途径（参看《类目的划分》一小节）。

（2）假若同一类的事物共同具有的几组属性全被用作分类标准，也只有首先被采用的一组属性可分别集中具有该组某一属性的事物，其它在后被采用的属性虽然也可聚类，但不能在大范围内聚类，而且越是在后被采用的属性越是如此（参看《类目的划分》一小节）。在这种情况下被分散的文献，大部分（但不是全部）尚可凭分类号一一选出，所以问题还不算大。

（3）同一类问题的文献因"专论入有关各类"而造成分散。在这种情况下，要将被分散的文献全部检出，有时是比较容易的，如要求检出所有各种车床的冷却、润滑装置的有关文献，只要查 TG51/519.5 各类，凡带复分号 0238 或 238 的都是；有时就比较麻烦，如要求检出所有各种特种图书编目的有关文献，虽然可以明确在 G255/255.9 各类中查找，但不能单凭分类号，还须一一甄别；有时则很困难，如要求检出所有寄生植物的有关文献，除查 Q948.9 一类外，还该查哪些类才能查全，是不明确的；又如要求查出所有关于电子计算机在各方面应用的文献，除查 TP39 及其各子目外，还该查哪些类才能查全，也是不明确的，而且在当前计算机应用非常广泛的情况下，这样的检索课题只能翻遍整个目录，否则无法查全。

（4）一事物概念由若干概念因素构成，这些概念因素分别属于几个类目，但该事物概念在分类表中却只能有一个位置。例如，

"拖拉机曲轴车削"这个主题概念除可以归入拖拉机制造类以外，与曲轴制造类和成型表面车削加工类也是有关的，但它的"法定"位置是在拖拉机制造类。这样被分散的文献，从别的类角度需要集中而将其全部查出是极为困难的。

（5）边缘科学只能在重点关系方面列类，应用科学只能在应用到的学科方面列类。例如，教育心理学隶属于教育学类，航空心理学隶属于航空飞行术类，或工程力学隶属于工程基础科学类，结构力学隶属于建筑结构类，等等。这种情况，如遇必要从心理学或力学角度集中，而将这些被分散的文献全部查出，也是比较困难甚至是极其困难的。

（6）两门学科共同研究的问题只能在重点关系方面列类。这种情况对另一方面来说虽也是分散，一般较易查出。如海洋地质学，如果在地质学方面查不到，在海洋学方面必定可查到。但须在另一方设类目参照，否则也有可能漏检。

（7）马列主义经典著作以及特藏图书资料集中时，对有关类目来说即造成分散。

（8）至于不同学科研究同一事物，按照学科性质将关于某一事物的文献分属各学科，这种分散现象在性质上与以上几种"集中与分散"的矛盾是不同的，因为体系分类法的原则本来就不是按对象事物来集中文献。但若检索者想通过分类目录来查找关于某一事物的全面资料，那也很可能会造成漏检，其后果与"集中与分散"矛盾产生的后果相同。

体系分类法产生"集中与分散"的矛盾的基本原因在于：客观世界中具有某一共同属性的各种事物都可构成一类，包括到某一课题的研究范围之内。而每一事物都具有许多属性，因此它既可与具有这一属性的一些事物构成一类，也可与具有那一属性的另一些事物构成一类。也就是说，一事物可以加入许多类，包括到许多课题的研究范围之内。这就是事物的"多向成类"（或"多向成族")性质。这是一篇文献具有多种用途,可以分入多个类目,应当提供多条检索途径的一个重要原因。例如,一篇关于"肺结核的 X 光诊断"的文献,既为结核科专家所需,也为肺科专家和放射科专家所需。但是,按照体系分类法层层划分、层层隶属的原则,一事物若已与一些事物成类,就不得再与另一些事物成类,即在分类表中只能为某一事物设一个类目,这个类目只能隶属一个上位类。这是与事物"多向成类"的实际不符的。因此,在一个方面实现了有关文献的集中,在另一个方面必然会造成有关文献被分散,总归不能完全满足不同检索者多种多样的检索要求。

由此可见,体系分类法能够"鸟瞰全貌"、"触类旁通"这一优点和"集中与分散"的矛盾这一缺点都是由于对概念进行层层划分、层层隶属的结果,优点和缺点出于同一原因。这种情况在体系分类法中普遍存在,成为它的基本矛盾。如果不改变层层划分、层层隶属的原则(这是"先组式"分类语言的原则),就不能从根本上消除产生"集中与分散"矛盾的原因。

为解决体系分类法"集中与分散"的矛盾,一般采用下列几种办法:

(1)在不要求或不宜作深入划分的情况下,选择具有最大检索意义的事物属性作为分类标准。这种办法,划分结果所形成的类目可以适应较多的检索要求,对前述第一种情况所产生的矛盾可以在一定程度上起到缓和作用。

(2)当采用多个分类标准划分而可以形成多种类目体系方案时,从中选择符合主要检索要求的(对综合性体系分类法来说是适应性最强的)方案。这样的类目体系方案可以适应较多的检索要求,对第二种情况所产生的矛盾可以在一定程度上起到缓和作用。

(3)采用互见法。对涉及多类的文献给予多个分类号,同时反映于有关各类。互见法对解决第七种情况所产生的矛盾是完全合适的。对解决第三种和第四种情况所产生的矛盾可以在一定程度上起到缓和作用；但因为互见分类号的专指度不够，检索时对文献的甄别工作量会增加，所以不是最好的。

（4）采用分类号的直接组配及组配分类号的轮排法。单是分类号的直接组配只能起到细分的作用，对缓和"集中与分散"的矛盾所起作用甚微。但是，如果采用分类号的直接组配再加上组配分类号的轮排，就可以既起到互见的作用，又起到主要分类号及互见分类号都细分的作用。这种办法，对解决第三种和第四种情况所产生的矛盾效果相当好，也可用于解决第五种情况所产生的矛盾（当边缘科学未设专类时用这种办法是合理的，若已设专类，就不可能用这种办法）。

（5）设置交替类目，并在目录中作类目参照。这种办法可解决第五种和第六种情况所产生的矛盾，效果较好。但必须在分类目录中作从非用类目指向所用类目的类目参照，否则起不到在两处都能查到的作用。对专业图书馆或情报机构来说，应当从可交替的类目中选用一个，但不必从另一个作类目参照。

（6）专业图书馆和情报机构使用综合性分类法时，将某些类目（除选用交替类目以外的）进行专业集中。例如，将本专业产品、原理、方法在其它专业方面应用的有关文献，都集中于本专业的类目下，等等。这种办法，可解决第三种和第四种情况所产生的矛盾，但为此要对类目或分类规则作适当的修改。这种办法不适用于综合性图书馆和情报机构。

（7）采用多重列类法及最前标号法或最后标号法。多重列类法如《中图法》J312/314.9 各种样式雕塑法及 U448/448.38 各种桥梁。最前标号法是这样的：凡涉及多重列类法情况下的两个类或三个类的文献，入最前的一个类，然后将另一个或两个类号码的相应部分依次（从前往后）加到最前面的类的类号后部。最后标号法原理完全相同，只是将涉及两个类或三个类的文献，都入最后的一个类,然后将另一个或两个类号码的相应部分依次(从后往前)加到最后面的类的类号后部(见图14)。

<pre>
                    U448   各种桥梁
                      .1   各种用途桥梁
                      .11   人行桥
                      .13   铁路桥
        最   .14   公路桥
        前   .2   各种结构桥梁
        标   ←   .21   梁式桥
        号   最   .22   拱　桥
        法   后   .26   开启式桥
        ↓   标   .3   各种材料桥梁
             号   .31   木桥、竹桥
             法   .32   石　桥
                      .36   钢　桥
</pre>

- -

《公路石拱桥》

最前标号法: <u>U448</u>　<u>14</u>　<u>22</u>　<u>32</u>　(U448. 142. 232)

最后标号法: <u>U448</u>　<u>32</u>　<u>22</u>　<u>14</u>　(U448. 322. 214)

图14　多重列类法及采用最前标号法和最后标号法标引时分类号的组合方法

　　这种办法可以解决第一种和第二种情况所产生的矛盾,标识专指度很高,可按任何检索要求检全、检准文献;但必须根据分类号一一挑选,较麻烦(见图15)。

　　(8)采用双表列类法。例如,在苏联的《ББК》分类法中,农业类有交替使用的两个类表(其实在目录中两表可以并用而不交替),一个表按学科、问题集中文献,另一个表按地区集中文献。这种办法,可以在一定程度上解决第二种、第三种、第四种情况所产生的矛盾,但编目工作量随之增加。

① U448 11	人行桥：①②③④
② U448 11 21 31	人行拱式桥：③④
③ U448 11 22 32	人行石拱桥：③
④ U448 11 22 36	铁路钢桥：⑥⑦⑧
⑤ U448 13	铁路梁式钢桥：⑥
⑥ U448 13 21 36	公路钢桥：⑩⑫
⑦ U448 13 36	公路石拱桥：⑪
⑧ U448 13 26 36	梁式桥：②⑥⑨⑩⑬
⑨ U448 14 21 31	拱式桥：③④⑪⑭
⑩ U448 14 21 36	开启式桥：⑧⑫⑮
⑪ U448 14 22 32	石桥：③⑪⑬⑭
⑫ U448 14 26 36	石拱桥：③⑪⑭
⑬ U448 21 32	钢桥：④⑥⑦⑧⑩⑫⑯
⑭ U448 22 32	
⑮ U448 26	
⑯ U448 36	

图 15　采用最前标号法和最后标号法可按任何检索要求检全、检准文献

（9）利用分类表的类目相关索引。这里所指的是按标题法原理编制的类目索引。这种索引主要是能把从不同学科出发研究同一事物的文献类目，以及有亲缘关系的事物和学科类目，通过字面成族集中显示于一处，使体系分类法在某种程度上具有主题法的性能，对前述第八种情况所谈到的问题的解决，是有一定效果的；对解决"集中与分散"的矛盾，也有一定帮助。

以上几种办法，虽然可以在一定程度上缓和"集中与分散"的矛盾，但是，总的看来，仅使用这些办法，体系分类法是很难适应现代文献情报检索的要求的。

（二）体系分类法的职能问题

除体系分类法以外的任何情报检索语言，都只能用于组织检索工具和检索系统，而不能用于组织图书资料的排架；唯有体系分

类法,既可用于组织检索工具和检索系统,也可用于组织图书资料的排架(从这种意义上说,体系－组配分类法也可以看作是体系分类法)。

分类排架有利于图书资料管理人员熟悉研究图书和宣传推荐图书;在开架的情况下,适合大多数读者按类选书的需要;此外,也有利于藏书的统计和补充、专业阅览室的划分、图书展览的组织等等。所以,分类排架在图书情报部门特别是在图书馆中,成为组织业务工作的重要方法。

体系分类法既是组织分类检索工具和检索系统(以下统称分类目录)的规范,也是组织分类排架的规范,它有两种职能,要满足这两个方面的要求。一般说来,在小型图书馆以及藏书不很多的中型综合性图书馆,这两方面的要求都不甚高,是可以同时满足的。但是,对大型图书馆和各种为科研服务的专业图书馆以及情报机构来说,这两方面的要求是不同的。分类排架要求分类法的体系结构和标记符号简单一些,尽量避免采用比较复杂的类目体系结构和标记符号,以方便图书资料的提取和归架,减少提取和归架中的差错。但是,从提高分类目录的检索效率来说,简单的类目体系结构和标记符号往往不能满足要求。也就是说,体系分类法同时满足这两种要求是困难的。这样,在编制分类法时,就出现了应该以哪一方面的需要为主的问题,即体系分类法的主要职能是什么的问题。

为了正确地理解这个问题,必须对分类目录和分类排架的作用加以分析比较。分类排架必须遵守“一种书在书架上只能有一个位置”的原则,所以当一书涉及几类时只能选择其一;而分类目录则可采用互见、分析、参照等方法,在某种程度上能使一种图书资料按其用途得到多方面的反映,从而使分散的资料在有关类下相对集中,起到方便读者查找、减少遗漏和使图书资料得到多方面利用的目的;加之,书架上的图书资料经常要被借出,而不能正确反映藏书的实际情况,故分类排架在检索上的作用是远远不及分类目录的。分类目录是主要的检索手段,是分类排架所不能代替的。既然如此,分类排架就没有必要与分类目录在体系和分类详略程度上取得完全一致。分类目录也完全可以不受分类排架的限制,而采取各种能达到更详细地分类和更有系统地排列的措施。

由此可见,现代体系分类法的主要职能,应是作为组织分类目录的规范。在编制分类法时,主要应考虑如何提高分类目录的检索效率,保证首先满足分类目录的要求,适当兼顾分类排架的要求;而不应迁就分类排架的要求,束缚分类法采用更多更好的编制方法和技术,以及限制分类表的不断修订和提高。否则,就会影响体系分类法主要职能的发挥。

第三章　分析－综合分类语言

第一节　组配分类法的原理

一　组配分类法的构成原理

组配分类法的构成基于概念的可分析性和可综合性。即一个复杂概念可以分析为若干简单概念（或概念因素），若干简单概念可以综合为一个复杂概念。因此，一个复杂的文献主题概念可以用若干个表达简单概念（或比较简单的概念）的标识的组配来表达。现代文献的主题概念绝大多数是复杂概念，因此也可以用组配式的分类号来进行标引。

组配分类法是体系分类法的发展。创制组配分类法的目的，主要是为了克服体系分类法的列举式列类方法所造成的不能无限容纳概念的局限性，以及它的类目的单线排列方式所造成的"集中与分散"的矛盾。实际上，体系分类法所采用的某些方法，如复分表和仿分法以及表示复合类目的组配符号等，已经孕育着组配分类法的胚胎。

为了要对文献情报内容进行详细分类，就必须要有一系列相当专指的分类标识，以便将千差万别的大量文献主题概念区别开来，同时还要通过分类标识的系统排列，达到从知识分类角度将相关的文献主题概念加以集中。

体系分类法采取对事物概念进行层层划分、层层隶属的办法，来形成一系列专指的分类标识，并构成一个具有隶属、并列关系的秩序井然的概念等级体系，来达到对文献情报内容进行分类的目的。但是，体系分类法的类表是列举式的，而要详尽无遗地列举一切事物概念，在事实上是不可能的；它的类目体系是单线排列的，这也就限制了使一个复杂的文献主题概念得到多向成类的可能性。这是体系分类法之所以不能充分满足文献情报检索要求的两个基本原因。例如，在《中图法》中，既无法恰切表达《湖北省图书馆在阅览室中向科技人员宣传外文期刊的工作经验》一文的主题概念，也无法保证从省图书馆工作、阅览室工作、外文图书工作、期刊工作、图书宣传工作、为科学研究和工农业生产服务，以及湖北省图书馆、阅览室的期刊工作、用外文期刊为科学研究服务……等等角度都能查到这篇文章。使用《中图法》，只能用 G255.2 这个分类号来标引这篇文章，把它归入"特种图书工作"类下的"期刊工作"子目，也只能在这一个类目中可发现它。

组配分类法则没有这种局限性。使用组配分类法，既可以从很高的专指度上来标引一篇文献，也可以从很高的专指度或较低的任何专指度以及从多种角度查到那篇文献。例如，上面所举的那篇文章使用《图书馆学情报学文献分类表》（载《湖北省图书馆学会一九七九年年会论文集》第 65—81 页）分类时，可给予下列精确的分类标识；检索时，可从上面所提到的任何角度和专指度查到那篇文章（怎样能达到这一点，具体方法将在后面讲述）。

组配分类法的基本方法，犹如整个分类表全由复分表组成，一篇文献的分类标识全由复分表中的号码按一定规则构成。如果说，体系分类法的分类标识所表达的专指概念是用许多概念因素（分类标准）对一个较泛指的事物概念进行层层限定（划分）而形成的，那末，组配分类法的分类标识所表达的专指概念同样也是用许多概念因素（表达较泛指的简单概念的分面类目）进行步步限

Ff ＝ Fg ＝ F1 ＝ Fp ＝ 163 ＝ 312 ＝ 615 ＝ 653

外文（总论）

期刊

省图书馆

湖北省

图书宣传

阅览室

为科学研究服务

为工农业生产服务

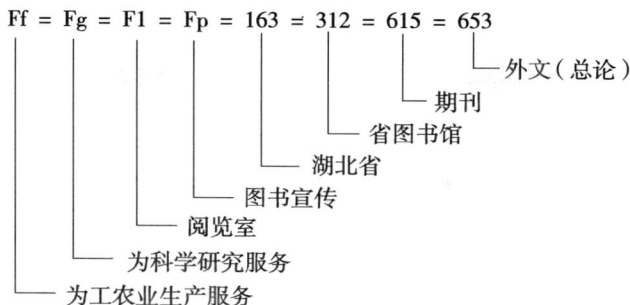

定（互相组配、综合）而形成的。所以，依据"概念划分与概括"原理构成的体系分类法和依据"概念分析与综合"原理构成的组配分类法，在形成专指概念上具有"异曲同工"、"殊途同归"的效果。可以说，组配分类法的分类标识与体系分类法的分类标识，其涵义在实质上并无区别。这正如在体系分类表中，对一个概念是直接列出类目，还是用复分表形式列出，或者用仿分类目形式列出，其涵义不会有所不同，是一样的道理。

现在假定有这样一部极简单的组配分类法（见图16），并用它来组配标引下列十篇文献：

（1）公共图书馆对马列主义的宣传　　　$A_{45}B_2C_1$

（2）省图书馆的参考咨询工作　　　　　$A_{46}B_{21}$

（3）期刊编目法　　　　　　　　　　　A_3D_2

（4）县图书馆中农业期刊的宣传　　　　$A_{45}B_{22}C_6D_2$

（5）儿童图书馆设备　　　　　　　　　A_6B_6

（6）高等学校图书馆的读者工作　　　　A_4B_5

（7）省图书馆期刊阅览室工作　　　　　$A_{41}B_{21}D_2$

（8）儿童读者的阅读辅导　　　　　　　$A_{45}B_6D_6$

（9）省图书馆视听资料的编目　　　　　$A_3B_{21}D_8$

（10）县图书馆的期刊阅览工作　　　　　$A_{41}B_{22}D_2$

基本主题	图书馆类型	图书资料学科	图书资料类型
A1 图书馆学理论	B1 国家图书馆	C1 马列主义、毛泽东思想	D1 书
A2 图书馆事业	B2 公共图书馆	C2 哲学	D2 期刊报纸
A3 图书馆藏书和目录	B21 省(市)自治区图书馆	C3 社会科学	D3 特种科技文献
A4 图书馆服务工作、读者工作	B22 市县图书馆	C4 自然科学	D4 工具书
A41 阅览室工作	B23 人民公社图书馆	C5 医药卫生	D5 检索工具
A42 借书处工作	B3 基层图书馆	C6 农业技术	D6 儿童读物
A43 馆际借书、邮寄借书	B4 科学图书馆、专业图书馆	C7 工业技术	D7 缩微资料
A44 图书推广工作	B5 高等学校和中等专业学校图书馆	C8 综合性图书资料	D8 视听资料
A45 图书宣传、阅读辅导	B6 儿童图书馆、普通学校图书馆		D9 其它类型图书资料
A46 参考咨询工作	B7 其它图书馆		
A5 图书馆工作组织			
A6 图书馆建筑和设备			

图16 一部有四个面的组配分类表(示意的)

从上列组配分类号的形式可以看出一个特点,即它是分段的,如果将各段调换位置,也不会改变其涵义,因此可以实行轮排,达到按任何一个特征集中文献和从多种角度检索文献的目的。例如,上列的分类号就可轮排成如图 17 的四种序列,可以从四个角度进行检索。

$A_3 B_{21} D_8$	(9)	$B_2 A_{45} C_1$	(1)	$C_1 A_{45} B_2$	(1)	$D_2 A_3$	(3)
$A_3 D_2$	(3)	$B_{21} A_3 D_3$	(9)	$C_6 A_{45} B_{22} D_2$	(4)	$D_2 A_{41} B_{21}$	(7)
$A_4 B_5$	(6)	$B_{21} A_{41} D_2$	(7)			$D_2 A_{41} B_{22}$	(10)
$A_{41} B_{21} D_2$	(7)	$B_{21} A_{46}$	(2)			$D_2 A_{45} B_{22} C_6$	(4)
$A_{41} B_{22} D_2$	(10)	$B_{22} A_{41} D_2$	(10)			$D_6 A_{45} B_6$	(8)
$A_{45} B_2 C_1$	(1)	$B_{22} A_{45} C_6 D_2$	(4)			$D_8 A_3 B_{21}$	(9)
$A_{45} B_{22} C_6 D_2$	(4)	$B_5 A_4$	(6)				
$A_{45} B_6 D_6$	(8)	$B_6 A_{45} D_6$	(8)				
$A_{46} B_{21}$	(2)	$B_6 A_6$	(5)				
$A_6 B_6$	(5)						

图 17　组配分类号的轮排

由此可见,组配分类法与体系分类法的一个很重要的差异在于:组配分类法的分类标识是散组式的(到标引时才将其组配起来),组合的,可以分拆的,其中诸因素可以变换位置的;而体系分类法的分类标识是定组式的(事先组配好),固定的,不可分拆的,其中诸因素不可变换位置的。

组配分类法在原理和方法上的上述改变,给分类检索语言带来了很大的灵活性,克服了体系分类法标引能力差的弱点以及"集中与分散"的基本矛盾,在提高检索效率上前进了一大步。

从使用情况看,组配分类法大多用于文献单元方式检索系统,所以一般说来,它属于先组散组式情报检索语言类型。

二　"面"的划分和细分

分"面"是组配分类法的基本特征。所谓"面"(分面、组面),是指可以表征一类事物某一方面属性或问题的一组简单概念或单纯类目。若使用某种属性作为分类标准,对一类事物进行划分,就可产生一组类目,这一组类目就构成一个面。例如,对人体疾病这类事物用患病的部位(器官)这一属性作为分类标准进行划分,就可以产生心脏血管系(循环系)疾病、造血器官及淋巴系疾病、呼吸系疾病、消化系疾病、内分泌腺疾病……全身性疾病等一组类目,构成一个面。

对同一类事物,可以用许多种属性作为分类标准进行划分,因此可以形成许多个面。例如,对人体疾病这类事物还可以按病理、病因、症状、诊断方法、治疗方法、治疗药物等分成许多组类目,构成许多个面。

对某一类事物的属性或问题的分面数目随实际需要而定,但每个面都必须有一定的检索意义,即是经常被用作检索标志的事物属性或问题。这与体系分类法中每个类目的划分层次不受限制,但采用的分类标准必须是事物的本质属性或有一定检索意义的特征,道理是一样的。

有时,一个面还可分成两个或三个亚面(二级面)。例如,对于疾病种类,实际上须由患病部位和器官、病理、病因和病原三个面的类目结合起来才能表达。这三个面也可称为疾病种类面的三个亚面。

对于各个面所不能包括的概念,可设置一个"一般问题"面。

每个面中的类目力求完备,这是保证组配分类法具有较大标引能力的重要条件。

一个面的类目,还可根据需要进行细分,构成一个等级体系。例如,"心脏血管疾病"还可分为心脏疾病、大血管疾病、周围血管疾病；"周围血管疾病"又可分为动脉疾病、静脉疾病、毛细血管疾病，等等。

一个面中并列关系类目的排列次序，与体系分类表中同位类的排列次序原则相同。

分面类目的标记，一般采用字母与数字混合标记或纯字母标记，采用纯数字标记者较少见。标记制度可视具体情况，采用层累制或顺序制。从情报检索计算机化的角度看，采用层累制较为有利，但要有一定控制，勿使号码过长。

在组配分类表中，每个分面类目都是构成文献情报内容的主题因素。就技术领域文献主题概念来说，大体由下列基本因素构成：

$$\begin{array}{c} \text{方法} \\ | \\ \text{对象}\text{——}\text{作用}\text{——}\text{生成物} \\ | \\ \text{条件} \end{array}$$

"作用"如物理作用、化学作用、机械作用等；"对象"是指作用的承受者，如材料等；"生成物"是指作用的结果，如产品等；"方法"是指施加作用的方法和手段，包括工艺、设备等；"条件"是指对对象施加作用时的状况，包括空间、时间、条件（如温度、压力等）、存在（如触媒剂及其它间接作用物质）。

除上述主题因素可以构成各个面之外，还有一些主题因素，如物质或产品的成分、结构、性质、用途等，也可构成面。

下面举出某些学科可能有的分面：

（1）分析化学：分析对象、分析方法、仪器设备、试剂、分析精度、一般问题；

（2）化学工业：化工原料、被提取的物质、化学反应、参加反应物质、参加反应物质的性能、试剂、化工过程、化工设备、化工工艺规范、产品、一般问题；

（3）冶金工业：冶金产品种类、冶金技术、冶金机械设备、冶金原材料、冶金操作、金属性能、一般问题；

（4）金属工艺：工艺种类、设备和工具、工艺对象（材料）、材料性能、产品、一般问题。

（5）土壤科学：土壤种类、结构、成分、性质、土壤中的过程、土壤操作、试验技术、一般问题；

（6）植物保护：植物种类、致害因素、保护方法、农药、植保机械、一般问题；

（7）历史：国家和地区、历史类基本主题、时代、民族、人物、历史文献类型；

（8）文学：国家或语言、文学体裁、时代、著作性质；

（9）图书馆学：图书馆学基本主题、图书馆类型、文献资料类型、学科、服务对象、地区、时代。

三　类号的组配和排列

使用组配分类法进行标引时，根据文献的主题因素，从各个分面中摘取相应的分面类号，然后将其联结成一个能标识文献主题概念的完整分类号。

组配分类法的分类号与体系分类法的分类号不同之处在于：后者在形式上是一个不可分拆的号码，它只表达一个主题概念，如"I313.32 日本古代戏剧"（这个分类号在《中图法》中实际是由"主类号＋世界地区复分号＋外国文学类专用复分号＋仿分号"所组成的，但一旦组成，便融为一体，变成一个固定的号码）；而前者在形式上是一个由若干段（节）组合起来的号码，它不仅能表达一个主题概念，而且从它的分段形式还可以分辨出构成这一主题概念的各个主题因素，如"EC＝5C＝615＝653 外文社会科学期刊的选订"（藏书补充＝社会科学＝期刊＝外文）。采用这种分段标记方法的目的，是为了能将各段号码调换位置（轮排），使每一段号码都有机会排到组配类号的前端，以便按该段号码集中文献和入手检索。

为了使每段号码组配起来之后仍能区别开，可采用下列三种办法：

（1）分面类号如果用纯字母标记时，第一个字母都用大写，如：pyQsin UWlce；

（2）用混合标记，如：9s6r1f/4nm；

（3）在每段号码之间插入某种分隔符号，如：Ec＝5C＝615＝653。

为了能分辨各段号码所属的分面，可采用下列两种办法。

（1）为每个面规定一个字母或数字代号（如（1）（2）（3））；

（2）在每段号码之前置一代表某个面的符号（如《国际十进分类法》和《冒号分类法》所采用的符号）。

我们在讲述体系分类法的原理时曾指出，当同时使用几个分类标准来划分一个类目时，分类标准运用次序的先后，会造成几个截然不同的分类体系。同样的道理，组配分类号的轮排，也可形成多种排列方案（目录中显现的类目体系）。例如，由2段号码组成的分类号可以有2种排列方案；由3段号码组成的分类号可以有6种排列方案；由4段号码组成的分类号可以有24种排列方案；如果是由5段号码组成的分类号，则可以有120种排列方案。显然，要为一篇用5段号码标引的文献制120张卡片是做不到的，而且按这种排法组织起来的检索工具也是庞大得难以利用的。所以，在实践中不采用全面的轮排法，而是采用轮替法，以控制轮排次数。即只将每段号码轮流排到前面一次，这样，一个组配类号有几段，便只须排几次，可以把轮排次数减少到最低限度（见图18）。

全面轮排法	第一种轮替法	第二种轮替法
A,B,C,D	A,B,C,D	A,B,C,D
A,B,D,C	[A] [B] C,D	[A] B,C,D]
A,C,B,D	[A,B] [C] D	[A,B] C,D]
A,C,D,B	[A,B,C] [D]	[A,B,C] D]
A,D,B,C		
A,D,C,B		
B,A,C,D		
…………		
C ………		
D ………		
共排 24 次	共排 4 次	共排 4 次

图 18　组配分类号的三种轮排法

大多数组配分类法,为了便于检索,都有严格的组配次序,即在摘用各个面的类目号码时,孰先孰后,是规定了的,而不是任意的。同时,在实行轮排时,一般采用第二种轮替法。

四　组配分类法的类型

组配分类法可以分为分面组配分类法、组配－体系分类法和体系－组配分类法三种类型。

分面组配分类法可以说是纯粹的组配分类法,一般只限于在一个比较窄小或比较单纯的专业范围使用。它由若干个面构成,这些面都是基本范畴,都可以作为检索的途径,而无主次之分。这种分类法比较适合于标识单元方式检索系统,或者用于文献单元方式检索系统而实行轮排。

组配－体系分类法和体系－组配分类法都是分面组配与体系分类相结合的混合分类法。前者以分面组配为主，接近于分面组配分类法，如阮冈纳赞的《冒号分类法》；后者以体系分类为主，接近于等级体系分类法，如《国际十进分类法》。但是，这两者与分面组配分类法有一个比较明显的差别，即组配－体系分类法和体系－组配分类法都是首先按学科体系分类，然后再进行分面组配。

组配－体系分类法首先将知识分为一些基本类（基本大类和习惯类），构成一个作为主干的体系结构；然后每个基本类进一步作分面分类，则相当于一个分面组配分类法。基本类的立类标准，可以是一个学科领域，也可以是一个主题领域，依具体情况而定。

体系－组配分类法则基本上是体系分类法，但大量采用分面组配方法，即大量使用各种通用复分表、专用复分表、仿分以及组配符号、合成符号等等，并且使分类号尽量保持分段的组配形式。

在分面组配分类法中，因为各个面无主次之分，所以没有规定一篇文献必须归入某一个"主面"的类目；在组配－体系分类法和体系－组配分类法中，则体系分类的面必定是"主面"，任何一篇文献都必须归入体系分类的面，即至少归入一个基本类，在基本类中一定能找到它。基本类的号码称为主类号，各分面的号码称为辅助类号。在标引时，主类号一般都是置于辅助类号之前的。

第二节　组配分类表

一　组配分类表的结构体系

不同类型的组配分类表具有不同的结构体系。

分面组配分类表由编制说明、分面类表目次和若干分面类表组成。

组配－体系分类表由编制说明、基本类表、一系列分面类表和分面公式以及若干通用辅表组成。

体系－组配分类表由编制说明、大纲或简表、分类体系详表（主表）、许多专类辅表和若干通用辅表组成。

在组配分类表的编制说明中，除关于编制经过、组配原理、类表结构等的一般说明外，对使用组配分类法进行文献分析、标引和检索的方法应作较详细的说明。

分面类表是分面组配分类表和组配－体系分类表的细目表。一部组配分类表少则有几个，多则可达上百个分面类表。分面类表类似体系分类表中的辅助表，也可分为各类通用的和某类专用的两种。分面公式指示出某个类具体的分析标引规则，一般置于各类分面类表之前。

体系－组配分类表的分类体系详表由类目、类号和注释组成，其结构原理和形式与体系分类表详表基本相同。

组配分类表也可以配备索引，即将全部分面类目以及各种重要的主题概念编成字顺表，并指出具体类号或组配标引方法。

组配分类表必要时还可以配备附录和附表，提供文献分类标引中经常要查阅的参考资料，它们一般不属于分类表的有机组成部分。

二　组配分类表的编制法

编制组配分类表,包括编制基本类表和编制分面类表。编制基本类表的方法与确定体系分类表大类和二、三级类的方法基本相同。基本类表一般只限于学科或专业的划分,所用分类标准不得与分面类表及通用辅表交错。组配分类表与体系分类表编制方法上的差别,主要是在分面类表的编制方面。

编制分面类表要解决的问题包括:(1)划分为哪些面及亚面;(2)各个面的次序(分面公式);(3)每个面中包括哪些概念(类目);(4)明确每个面中概念的相互关系和排列次序;(5)各个面中类目的标记。

首先要解决(1)和(3)两个问题。为此,可以通过对有关学科或专业的系统著作进行研究,或对该方面一定数量的文献进行调查,或对编制得比较详细的体系分类表和叙词表中的有关部分进行分析。根据这种调查分析,确定若干个容纳该学科或专业的各种主题概念因素的基本范畴——分面;并从所调查研究的资料中摘出属于该学科或专业的一切基本术语,归入各分面。然后,将每一个分面中的基本术语加以筛选、整理,明确它们之间的同义关系和等级关系,并决定各并列概念之间的次序,构成一个合乎逻辑的体系,即一个分面类表。最后,按各该学科或专业情报检索的实际需要,将各分面类表排成一个固定的次序,并为每个面配置代号,为其中的每个概念配置分类标记。各个分面类号在文献检索标识中的固定序列,即为分面公式。

这样,一部组配分类表即初具规模。然后应通过试标引来加以修改补充,正式定稿,并编制索引,写上编制说明,附上必要的参考资料,便成为一部完整的组配分类表。

下面是英国克兰费尔德航空学组配分类法数学分面类表的一个片断(图19):

Y	数学	Yej	向量微积
Ya	计算	Yem	张量微积
Yaf	公式	Yep	运算微积
Yas	解法	Yet	拉普拉斯变换
Yb	维量分析	Yf	微分方程
Ybs	标度效应	Yfc	常微分方程
Yc	算术	Yfe	联立微分方程
Ycb	代数	Yfg	偏微分方程
Ycd	方程式	Ygb	积分微分方程
Ycf	矩阵	Ygd	本征值方程
Ych	行列式	Ygj	积分方程
Ycj	变换	Yhb	边界值
Ycm	不变性	Yhd	初值
Yct	群	Yhf	非线性微分方程
Yd	分析(数学)	Yhh	线性微分方程
Ydf	函数空间	Yhj	一阶微分方程
Ydt	拓扑	Yhk	二阶微分方程
Ye	微积分	Yhm	高阶微分方程
Yec	积分学	Yi	无穷级数
Yef	定积分学	Yif	傅里叶级数
Yeh	变分学	Yiv	复变数

图 19 英国克兰费尔德航空学组配分类法数学分面类表片断

三 组配分类表的使用法

组配分类表的使用是比较方便的。

标引时,首先查明文献的研究对象或中心主题,以便确定它的基本类(如果是使用窄小专业的分面组配分类表,就不存在确定基本类的问题)。然后,即可根据该类的分面公式,进一步分析构成文献主题的诸因素,依规定的顺序逐一从各分面类表中摘出相

应的类号,并将其连结成一个能表达主题概念的完整分类号。这在本章第一节已经说明了。所应注意的是:

(1)如果文献的主题并未全部涉及到分面公式中指出的所有各个面,则对未涉及到的面可以略去不计;但是要防止文献中实际上已涉及到而在标引时被忽略过去,否则在检索时会造成漏检(即组成检索课题的分面类号多于文献标识的分面类号,该文献就不可能被检出);

(2)如果一篇文献有两个或两个以上主题,当采用文献单元检索方式时,必须分别进行标引;当采用标识单元检索方式时,只需取标引各个主题所需的全部分面类号即可。

(3)如果所使用的是组配–体系分类法或体系–组配分类法,则不仅在各分面之间可以按一定规则进行组配,而且在各基本类之间也可以按一定规则进行组配,以表达涉及两个或两个以上基本类的复合主题。

检索时,则首先确定检索课题所属的基本类,再按该类的分面公式,列出检索课题的主题因素,转换成分面类号,然后从检索工具中查检。查检时应注意运用组配分类法的扩检和缩检功能。这既可采取从专指向泛指(删掉一段分面类号或删掉某个分面类号的一、两位层累制号码)扩大检索范围的程序,也可采取从泛指向专指(增加一段分面类号或增加某个分面类号的一、两位层累制号码)缩小检索范围的程序,甚至还可以进行更精确的检索(例如在属于检索范围的文献中剔除某些文献)。制定周密的检索对策,是充分发挥组配分类法的优点,达到提高检索效率的重要一环。

第三节 组配分类法的性能

一 组配分类法与体系分类法的比较

组配分类法与体系分类法比较,在性能上有很大差别:

体系分类法是列举式的,但是任何一部详细的体系分类法,既不可能把过去和现在已有的一切主题概念搜罗净尽,更不可能预见将来可能出现的一切主题概念,因此,就有很多主题概念,特别是随着人类知识的发展而不断涌现出来的新主题概念难于容纳。而组配分类法由于采取概念组配方式,类目虽则较少,却能够组配成大量主题概念,所以,对于已有的和还在不断出现的文献主题概念,虽不能说可以完全包括无遗,但其包罗能力和及时反映能力远比体系分类法强。它的各个分面中所包括的简单概念愈完备,这种能力也愈强。

体系分类法虽然可以通过层层划分而达到较高的标识专指度,但组配分类法却能达到更高的专指度。组配分类法的标识专指度高低取决于分面数目的多少和各个分面的细分程度。但是,组配分类法较难表达单独概念,体系分类法则较易表达单独概念。

组配分类法符合事物多向成类的实际,能达到按任何一个特征(事物属性、主题因素)集中文献,或从任何一个角度检索文献,克服了体系分类法“集中与分散”的基本矛盾;同时,它能比较自由地扩大或缩小检索范围,甚至能进行精确的组配检索,所以在满足多种检索要求方面,以及在检全率和检准率方面,都高于体系分类法。

组配分类法的完整分类号是分段的,其含义容易辨识;体系分类法的完整分类号是不分段的,其含义很难辨识。

体系分类法只能从整个类号的末端扩展（加细），而组配分类法却能从每个分面类号的末端扩展。所以，组配分类法比较易于修改。

体系分类法的体系结构是明显的，检索者易于掌握；组配分类法的体系结构是隐含的，检索者较难掌握。

体系分类法在图书情报工作中有广泛用途；组配分类法主要用于文献情报检索，对图书馆和情报机构其它工作的适应性比体系分类法差。

体系－组配分类法兼有组配分类法和体系分类法的某些优点，是值得进一步研究的一种情报检索语言类型。

总的说来，组配分类法在情报检索方面与体系分类法相比，优点较多，有较高的检索效率。特别是体系－组配分类法，优点更多一些。

二　组配分类法的某些问题

（一）组配分类法对各种检索方式的适应性

组配分类法最主要的优点，是在检索上具有极大的灵活性。检索时，既可以用任何一个分面类号，也可以用任何几个分面类号的组合，去选择具备所要求的特征的文献。也就是说，既可实行多途径检索，又可选择任意的专指度，可自由地在纵向上和横向上扩大或缩小检索范围。

分类号的分段形式是使组配分类法具有这些优异性能的一个重要因素。但是，它的这些优异性能是否能得到充分发挥，与它的使用方式在多大程度上能保证自由组配是密切相关的。

组配分类法可以有多种使用方式，其效果有很大差异：

（1）在标引文献时，将各段分面类号按分面公式所规定的次序联结成串，构成一个先组式的固定分类号，编成文献单元方式的检索工具。此时，它除能表达更多的文献主题概念外，其余优点几乎都丧失,功能与体系分类法大体相同:一方面,它能把隐含的分类体系显现出来;另一方面,它又产生出"集中与分散"的矛盾。

(2)在标引文献时,各段分面类号虽联结成串,但实行轮排(每个分面类号必须带分面标志),编成文献单元方式的检索工具。此时,它除能表达更多的文献主题概念外,还能实行多途径检索,按具体检索课题选择对口文献也较方便。但由于采用文献单元方式的检索工具形式,所以轮排次数受到限制,组配分类号中各段分面类号必须保持固定的次序,检索上的灵活性稍差。

(3)在标引文献时,使各段分面类号处于离散状态(每个分面类号都必须带分面标志),编成标识单元方式的检索工具(即作为后组式语言使用)。此时,它的组配原理所带来的各种优异性能就能充分发挥。但在分面类号离散条件下,它所隐含的分类体系便无法显现。

(4)将各段分面类号联结成串(每个分面类号都必须带分面标志),采用类似题外关键词索引的方式实行轮排,并采用标识单元方式的检索工具形式。此时,组配操作变成只在某个标识的单元卡上仔细选择,速度较快,既可自由检索,又可在必要时整理出一定的系统性。

(5)组配分类法也可用于表式索引。当索引累积量不很大时,是很方便的。如索引累积量很大,则查阅很费时间。

以上五种使用方式,以第三种方式在检索上的灵活性最大,但系统性差。如要保持一定系统性,则以第二种方式和第四种方式为较好。第一种方式虽系统性较好,但灵活性很差。采用组配分类法而使用第一种检索方式,虽然比采用体系分类法还是要好些,但好处就不多了。

(二)组配分类法对电子计算机检索系统的适应性

对电子计算机检索系统来说,虽然任何一种类型的情报检索语言都可使用,但就充分发挥电子计算机的效率来说,以组配主题法和组配分类法为较好。因为这两者一方面都可以提供多途径检索，另一方面都可以自由扩大和缩小检索范围，达到任意的专指度，所以能适应多种检索要求，达到较高的检全率和检准率。

目前，在电子计算机检索系统中用得最多的是叙词法，因为叙词法吸取了各种检索语言的长处，具有较强的适应性，特别是它使用规范化的语词作标识，对检索者比较方便。

组配分类法与叙词法极为相似，其分面类号常常可与叙词等价。在专指性方面，组配分类法比叙词法略差。当检索窄小课题的文献时，叙词法的检索结果可能比组配分类法更切题。但如果组配分类法也相当详细，则也可达到相当高的切题程度。在系统性方面，组配分类法则比叙词法强。组配分类法可以全面地、系统地给出检索结果，叙词法则甚难做到这一点。层累制的分面类号具有较好的扩检和缩检功能。所以，组配分类法与叙词法在电子计算机检索系统中的应用，是各有长处的。

据国际文献联合会等报道，将《国际十进分类法》（体系－组配分类法）和《冒号分类法》（组配－体系分类法）用于电子计算机检索系统的试验，证明都是可行的。

第四章　标题词标引语言

第一节　标题法的原理

一　标题法的构成原理

在第一章中已经指出，任何一种情报检索语言，就其实质来说都是表达一系列概括文献情报内容的概念及其相互关系的概念标识系统。第二章及第三章所已阐述的等级体系分类语言和分析－综合分类语言，都是用码号作为概念标识，用分类方法直接显示概念之间的相互关系，并将概念标识进行系统排列的，称为分类法系统。本章及以后三章将要阐述的标题词标引语言、单元词描述语言、叙词描述语言和关键词描述语言，都是用语词作为概念标识，将概念标识进行字顺排列，并用参照系统等方法间接显示概念之间的相互关系的，称为主题法系统。

标题法是主题法系统中最早出现的一种。过去因为标题表常称为主题表，标题目录常称为主题目录，所以标题法实际也即主题法，但主题法一词过去很少使用。现在主题法一词相当流行了，而且这个概念也扩大了，因此，标题法只能称为传统主题法了。目前有不少文章称叙词法为主题法，这是不够恰切的，若改称现代主题法，可稍好一些。但看来现代主题法一词只宜在个别场合使用，因为这个词与叙词法一词相比，明确性还是比较差。同时，国内常称

主题法系统 ＝ 主题法（广义）

检索词
标引词
索引词

标题法	单元词法	叙词法	关键词法
标题词	单元词	叙词	关键词
标题	元词	描述词	键词
主题法（传统）		主题词法	
		主题词	

————————（规范语言）————————　　（自然语言）

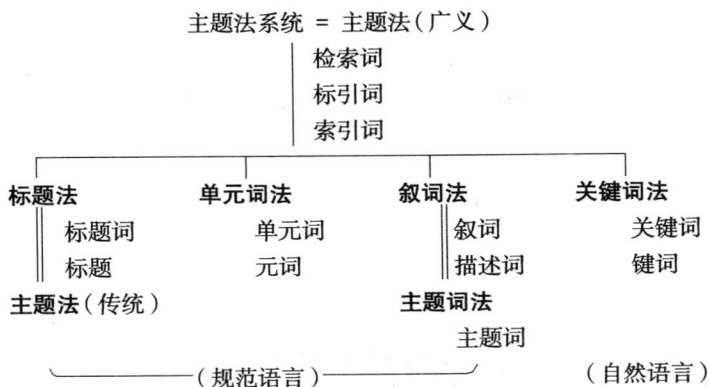

图20　主题法系统情报检索语言的名称

叙词为主题词，则相应地称叙词法为主题词法，比称主题法要明确一些。主题法一词应作为主题法系统的简称，包括标题法、单元词法、叙词法和关键词法。

标题法是用规范化了的自然语言，即经过标准化处理的名词术语作为标识，来直接表达文献所论及或涉及的事物—主题，而不管该文献是从哪个角度、哪一学科方面来论述该事物—主题的；并将全部标识按字顺排列，而不管各个标识所表达的事物—主题之间的相互关系（这种关系是借助于参照系统来间接显示的）。

例如，一篇关于羊的饲养的文章和另一篇关于羊病防治的文章，它们都可直接用"羊"（或"羊—饲养"、"羊—疾病"）来作标题，而不是用"畜牧学—羊"和"兽医学—羊"来作标题，它们在标题系统中都是按"羊"字排列而被集中在一起的。

又如，一篇泛论羊的饲养的文章和另一篇专论山羊饲养的文章，它们的标题就是"羊"和"山羊"（或"羊—饲养"和"山羊—饲养"），它们在标题系统中是按"羊"字和"山"字排列而被分散在两处的。

在检索时,需要关于羊的饲养问题的文献也好,羊病防治问题的文献也好,可不管其学科性质或研究角度,而径直到字顺序列中去查"羊"字即可。若要将有关各种羊的文献全都找出来,则在"羊"标题下可以看到一条参照:"参见　绵羊、山羊、黄羊……",根据这条参照的指示,可以把各种羊的文献找全。

但是,如果一篇文章用"概率论"这个术语来叙述它的研究对象,另一篇文章用"几率论"这个术语来叙述它的研究对象,第三篇文章用"或然率论"这个术语来叙述它的研究对象,这时就不能直接用"几率论"和"或然率论"来作标题了,这三篇文章必须都用"概率论"作标题。因为这三个术语是等同的,如果同时用三个术语来标引,便会导致文献被分散。而在这三个术语中,"概率论"这个术语是比较通行的。读者若从"几率论"或"或然率论"入手检索时,都可以看到"见　概率论"的参照指示,告诉他应查"概率论"这个标题。

由此可见,标题法的构成原理可以归纳为下列四点:

(1)按主题(文献所论及或涉及的事物)集中文献;

(2)用经过规范化的语词直接标引文献主题;

(3)用参照系统间接显示主题之间的相互关系;

(4)用字顺序列直接提供主题检索途径。

任何一个标题,都是一个完整的标识,可以独立地标引一个文献主题。所以,标题法属于先组定组式情报检索语言类型。

二　标题及其类型

标题(标题词)是作为主题标识的经过规范化的语词或事物的"名",是指主题标识的具体字面。标题法是按事物集中有关文献的。因此,在一个标题下,常常集中了关于一种事物的许多方面的资料,涉及到相当于分类法中的好多个类目的范围。例如,在

"羊"这个标题下,就可能包括羊的生理、解剖、遗传、选种、育种、繁殖、饲养管理、育肥、饲料、放牧、疾病及其防治、用途以及畜牧经济等方面的资料。这些资料,如果集中在同一个标题下而不加区分,对检索也会造成困难,导致甄别量增加,而检准率降低。所以,同一标题下的内容有细分的必要。

为了对同一标题下的内容加以细分,此外还为了一些其它目的(如集中同族事物),在实践中采用了一些不同的方法,形成了标题(也即标题法)的不同类型。

(1)单级标题。即一个标题仅由一个名词术语构成。它可以是一个单词,称单词标题或元词标题(如"肠"),也可以是一个词组,称词组标题或复词标题(如"肠梗阻"),但都只有一级,所以称为单级标题。

单级标题中的词组标题,可以表示事物的特称,如"十二指肠",也可以表示事物的方面,如"肠溃疡",也可以表达更复杂的概念,如"十二指肠溃疡"。

有些标题系统只采用单级标题形式。这种标题系统的优点是比较简单,缺点是专指性差,在一个标题下往往集中资料太多,不便检索。补救的办法是多用复词标题,以稍增专指度。

(2)带说明语的单级标题。例如,"液压传动,用于机床的";"期刊,化学的";"期刊,情报价值";"期刊,情报密度,统计法"。这相当于一个复词标题。用说明语表达复杂概念比较自由,既能表达事物的特称,也能表达事物的方面,可以达到较高的专指度;但比较冗长,排列次序不够明确。采用这种标题形式的标题系统比较适用于书本式检索工具,不适用于卡片式检索工具。

(3)多级标题。即在标题下再加标题。例如,"肿瘤—治疗"。破折号后的标题称为子标题,用于表示该标题所表事物的某一"方面"。子标题之下还可以有子标题,称为次子标题;次子标题下还可以有子标题,称为再次子标题。但一般来说,超过三级的标题形式是很少用的。各级子标题可统称副标题,第一级标题则称为主标题。子标题、次子标题都必须是规范化的语词,这是区别于说明语的地方。子标题、次子标题的形式比较简明,有明确的排列位置,使同一主标题下的资料比较有系统。多级标题系统比较适用于卡片式检索工具,也适用于书本式检索工具。

在某些多级标题系统中,子标题也可表示主标题的特称(即"事物—事物"多级标题),从而达到相对集中资料,有利于族性检索的目的;但直接性较差,在检索时往往须要判别应从哪个标题入手查找。

(4)倒置标题。即将复词标题中起限定作用的词倒置于被限定的词之后。例如:

低速飞机	飞机,低速
亚音速飞机	飞机,亚音速
跨音速飞机	飞机,跨音速
超音速飞机	飞机,超音速
高超音速飞机	飞机,高超音速

可见,倒置标题一方面有集中资料的优点,另一方面有在检索时难于判别从哪个词入手查找才不致走弯路的缺点。倒置标题形式不能单独构成标题系统。

(5)带限定词的标题。如"图书馆学(辞典)"、"桔(树)"、"桔(水果)"。限定词一般都置于括号中,用于作形式复分,或区分两个字面相同但无法用其它方式区分的标题。这种标题形式也不能单独构成标题系统。

(6)混合标题系统。在标题法实践中,常同时采用上述几种标题形式中的若干种。这种混合标题系统的优点是可以提高检索效率,查找比较方便,但结构复杂,编制标题表和编制检索工具都比较困难。

三 标题词的范围及选词原则

标题词的职能,是直接地、精确地表达文献所论及或涉及的事物,即主题。因此,自然界、生产技术领域、社会政治、经济、文化领域以及人类思维活动领域的一切事物,不论是具体的,还是抽象的,凡能成为研究对象者,其"名"在原则上都可作为标题词。

标题词包括:各种事物的名称;表示事物性质、现象、过程等的名词术语;表示方法、措施、工艺等的名词术语;表示科学门类、技术部门、理论、学说、定理、定律、方程、假说以及哲学概念等的名词术语;地名、人名、机构名、作品名(该作品成为研究对象时)、文件名、产品名等。

这些名词术语可以是单词,也可以是词组;可以是普通名词,也可以是专有名词。但是,除名词及名词性词组以外的其他词类,则一律不采用。

标题词着眼于对文献主题进行直接标引,而不着眼于描述文献主题,因此,一些泛指性的一般名词术语(如"零部件"、"材料"、"设备"、"设计"、"制造"、"会议"等词以及年代等概念),不能作为主标题,而只能作为副标题使用。表示文献类型的名词术语(如"手册"、"期刊"、"目录"、"索引"等),除其本身成为研究对象时可作为主标题外,也不能作为主标题使用。

标题词必须符合下列要求:

(1)检索意义。例如,"历史"这个名词作为主标题就没有检索意义,因为它只是泛指对一切事物发展过程的记述和阐释,是一种体裁,而并不明确表达某一事物,所以只能作为副标题。

(2)专指性。标题词必须符合直接地精确地表达文献所论及或涉及的事物(主题),以达到一个标题词只代表一个概念的要求,提高检准率。因此,严格的标题法规定不得用涵义比主题广泛的标题词来进行标引。例如,对铁路开合式钢桥不得简单地用

"铁路桥"或"开合式桥"或"钢桥"这些泛指标识来标引。但是，高度专指的标题在字顺中可能会使同族事物分散，族性检索效果较差。若从族性检索效果考虑，则可将一些高度专指的标题改成倒置的形式，以便把泛指性的词放在前面。例如，可以将"铁路开合式钢桥"改为"钢桥，开合式，铁路用"。

从专指性要求来看，一部标题表应详尽无遗地搜罗一切可能用作标题的名词术语。事实上这是不可能的。所以，标题表中的标题词只是示范性的。标题表必须在使用过程中不断补充、积累。

但是，在标题法实践中，大多数使用单位都或多或少地降低严格的专指性要求，而对高度专门的概念采取上位词标引的办法，以便控制标题词的数量，有利于族性检索。

（3）通用性和准确性。通用性是指必须选用能被普遍接受的词作为标题词。例如，应采用"温室园艺"而不应采用"保护地栽培"作为标题词，因为后者很少被使用。但是，通用性必须以准确性为前提。例如，"肺病"这个名词一般都指肺结核病，很通用，但不如"肺结核"这个名词准确，所以应采用"肺结核"这个名词作标题词。

四　标题词的规范

标题词的规范化处理，是指对标题词及其书写形式进行优选。这除了使标题词达到通用性和准确性的要求以外，更主要的目的是使它达到唯一性和定型性的要求。这是保证标题法检索效率的重要措施之一。

对标题词的唯一性要求是：（1）一个概念只用一个标题词表达；（2）一个标题词只表达一个概念；（3）一个标题词只用一种书写形式；（4）同样情况的标题词书写形式相同。达到前三点要求可以避免漏检和误检，达到第四点要求可增强标题法的规律性。

标题词的定型性要求是：尽可能地选用比较定型的词作为标

题词;如果词组标题词中居于最前因而决定其排列位置的单词不够定型,则将其倒置,使定型的单词居前,或者将其修改,以提高排列效果,方便检索。

标题词的规范包括:

(1)字和词的写法、拼法上歧异的统一。当一个汉字有简体、繁体和异体几种形体时,应以现在通行的为标准,不使用已废止的繁体字和异体字。当一个汉语词有几种写法时,选择用得较广的一种写法,其它写法在必要时可作同义词处理。例如,用"X 射线"而不用"爱克斯射线"。

外语词的不同拼写形式、名词的单复数等,均应作统一处理。

(2)属于概念等同关系(或可视为等同关系)的词之间的选择。

a)同义词。必须选择一个较通行的作标题词。例如,用"简称"而不用"略语";

b)学名和俗称。一般采用学名作标题词。例如,用"电子计算机"而不用"电脑"。但当俗称比较通行而学名较少为人使用时,对非本专业的词也可采用俗称。例如,用"氨水"(俗称)而不用"氢氧化铵"(学名);

c)新称和旧称。一般采用新称作标题词。例如,用"形式逻辑"而不用"名学";

d)全称和简称。选择准确、通用、简明、有利于在排列时汇集资料的一个作标题词。当这些要求发生矛盾时,优先考虑准确性。例如:

用"中国"而不用"中华人民共和国"("中华人民共和国"只在表示历史时期时使用);

用"北京大学"而不用"北大";

用"教育部"而不用"中华人民共和国教育部";

用"中国科技情报所"而不用"中国科学技术情报研究所"和

"中情所";

用"弹性－塑性形变"而不用"弹－塑性形变";

用"短跑"而不用"短距离跑";

用"青铜时代文化"而不用"青铜文化";

e)不同译名。一般采用意译名称,译得较准确的一个作标题词。例如,用"电动机"而不用"马达"。如果音译名称已通用,也可采用。例如,用"拓扑学"而不用"形势几何学";

f)近义词。如果合并起来对检索有利,可作概念等同关系处理。例如,用"谚语"而不用"格言",用"惊险影片"而不用"反特影片";

g)反义词。如果所指的是同一问题,并且合并起来对检索有利,可作概念等同关系处理。例如,用"可压缩流"而不用"不可压缩流";

h)专指度过高的词和较泛指词。对于非本专业的一些专指度很高的词,如果确实没有必要时,可并入较泛指的标题词(即可视为概念等同关系)。例如,用"北方话"而不用"北京话",用"历史小说"而不用"讲史小说"。

作为概念等同关系处理而未被采用的一切词,应作为"非标题词"保留在标题表中,并用参照引见正式标题词。例如,"讲史小说　见　历史小说"。

(3)多义词(同形异义词)词义的限定。许多词之所以多义,是因为它们在不同方面使用而获得不同的意义。因此,可以采取加范围注释的办法来加以区分。例如:

客车(铁路车辆)　　　活页本(版本)
客车(公路车辆)　　　活页本(文化用品)
传奇剧(话剧)　　　　杜鹃(植物)
传奇剧(戏曲)　　　　杜鹃(动物)

(4)半定型词组和不定型词组标题形式的选择。在标题法中,当单词(包括单纯词和合成词)用作标题时,只能采用正写形式。而当词组用作标题时,却可能采用下列几种书写形式:a)正写形式(正装标题);b)逆写形式(倒装标题);c)"标题—子标题"形式;d)"标题—子标题"和逆写结合的形式。

例如,"外文图书编目"这一词组用作标题时,就可以有下列六种书写形式:

① 外文图书编目
② 外文图书—编目
③ 图书,外文—编目
④ 编目,外文图书
⑤ 编目,图书,外文
⑥ 图书编目,外文图书

以上六种标题形式的排列效果是不同的。其中①②可使有关外文图书、外文期刊等等各种资料汇集,也可使有关外文图书的选订、分类、编目等等各种资料汇集;③可使有关各种文字图书的资料汇集;④⑤可使有关图书、期刊、档案、藏品等编目的资料汇集;⑥可使有关各种图书的编目、分类等的资料汇集。从检索需要来看,可能以⑥为最好,②①次之,⑤③④更次之。

各种词组可能采用的标题形式不同,数量也不等,这不仅与词组的复杂程度有关,而且也与词组的定型程度有关。从检索效率来看,某些不定型词组和半定型词组用作标题时,必须加以改造,使之符合标题词定型性的要求。

现将各种词组的定型程度及可采用的标题形式归纳成表(见表1)。

表 1 汉语中各种词组的定型程度及可采用的标题形式

词组的结构	性　质	定型程度	可采用的标题形式	举组（原词组）	例（标题形式·标题元素）
形容词+名词	名词所代表事物的特称	定型	正写	微量元素	微量元素
		半定型	正写或逆写	电子显微镜	电子显微镜,电子式
				中毒性溶血性贫血	中毒性溶血性贫血 溶血性贫血,中毒性 贫血,溶血,中毒性
名词+名词	学科名称或定理等专有名词	定型	正写	生物化学	生物化学
				万有引力定律	万有引力定律
	后一名词所代表事物的特称	半定型	正写或逆写	刻痕硬度	刻痕硬度 硬度,以刻痕表示的
	后一名词所代表的方面	不定型	"标题－子标题"或逆写	汽车设计	汽车一设计
				汽车发动机	汽车一零部件:发动机,汽车用
				不锈钢切削工艺	不锈钢一切削工艺 切削工艺,不锈钢的

词组的结构	性　　质	定型程度	可采用的标题形式	举　　例	
				原　词　组	标　题　形　式
示性短语+名词	名词所代表事物的特称	不定型 定　型	逆　写 正　写	用于机床的液压传动 场致发光	液压传动,用于机床的 场致发光
词间用短横联系	比较复杂	不定型	视具体情况处理	弹-塑性形变 中子-质子散射	弹性-塑性形变 中子散射,质子所引起的
词间用介词联系	两者并列、相关、比较等	不定型	视具体情况处理	数学和物理 化学与化工	数学 物理 化学-关系:与化工的 化工-关系:与化学的
动词+名词	名词所代表事物的方面	定型或半定型	正写或改成"标题-子标题"	采矿 调频	采矿 矿山-开采 调频 频率-调制

上表中凡有两种或两种以上标题形式者,在一个标题系统(标题表和标题目录)中只能选用一种形式为正式标题(标题词),其余形式则可作为非标题词保留于标题系统中,用参照把没有从正式采用的标题形式入手查检的读者或标引人员引见至所采用的正式标题。至于到底应选用哪一种形式,可视各个标题系统的具体需要而定。但一经选定,就要作为一条规则实行规范化处理。

五　标题词相互关系的显示

标题词在标题系统中一律按字顺排列。采用这种排列方法,可以直接提供主题检索途径。由于头几个字相同的一些标题词都能排在一起,因而也可使一部分内容上相近或相关的资料汇集一起,方便查找。标题形式的选择,其目的之一就在于此。但是,标题词间的这种联系方式带有很大的偶然性,缺乏系统性。因为相互有密切关系的标题词,头几个字相同者只占一小部分。标题法的字顺排列原则,恰恰是不顾各标题词间的相互关系,从而造成了一大部分彼此有关的标题词的分散。

但是,标题法虽然以检索的直接性为其特点,却仍然必须解决标题词间相互关系的显示问题。它的标题参照系统正是用来显示被分散排列的各个标题词间相互关系的主要手段。

在标题法中,一般将标题词间的相互关系,亦即它们所表达的各种概念之间的相互关系,分为等同关系、等级关系和相关关系三种关系类型。用"见"和"见自"这一对参照来显示等同关系;用"参见"和"参见自"这一对参照来显示等级关系和相关关系。

参照系统在标题表中的注释形式和在标题目录中的表现形式是不同的,具体情况见图 21。

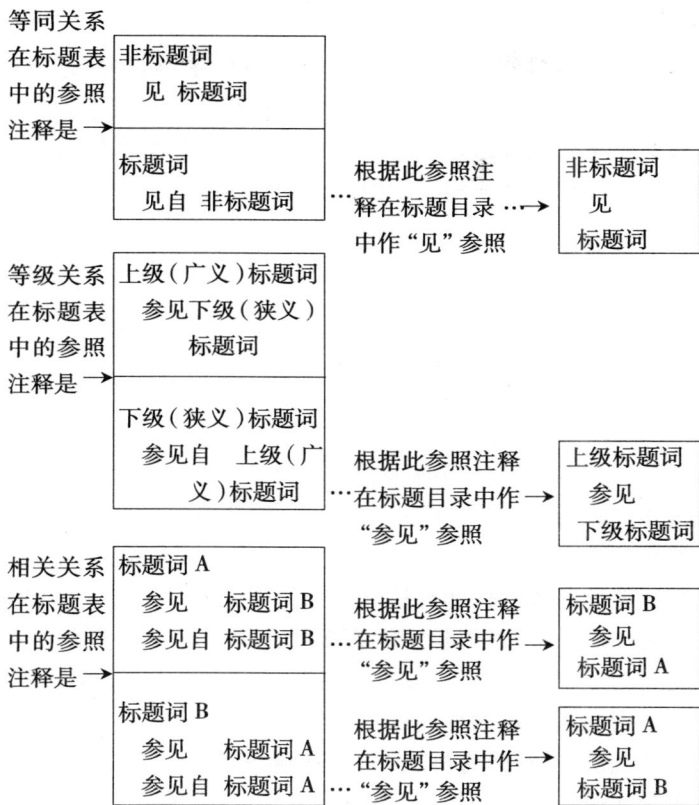

图 21　标题参照系统在标题表中的注释形式和在标题目录中的表现形式

现将运用标题参照系统显示标题词间相互关系的具体方法说明如下：

（一）等同关系的显示

等同关系包括：a）标题词的不同写法；b）同义词；c）学名与俗称；d）新称与旧称；e）全称与简称；f）不同译名；g）某些可合并的

近义词;h)某些可合并的反义词;i)某些可合并的专指度过高的词与较泛指词;j)一个标题的不同形式。

在每一组等同关系的几个词(词组)或标题形式中,都只能选用其中的一个词或一种标题形式作为"标题词",即标题系统中正式采用的标题;其余的词或标题形式则都作为"非标题词",即不得用作正式标题的词或形式。但是,这些"非标题词"必须保留在标题系统中,并用"见"和"见自"这一对参照来建立它们与"标题词"之间的关系,其在目录中的表现形式是"非标题词见标题词"。例如:

　　电脑
　　　　见　电子计算机
　　形势几何学
　　　　见　拓扑学

这样,当进行检索时,检索者就不一定要判断清楚哪一个词或哪一种标题形式是被采用的,哪一个词或哪一种标题形式是不被采用的。他可以从所想到的任何一个词或标题形式入手查找。如果他所用以入手查找的那个词或那种标题形式正好是不被采用的,"见"参照就会把他引到正式被采用的词或标题形式那里去。

(二)等级关系的显示

等级关系包括:a)属种关系(普遍概念与特殊概念之间,生物属种之间,产品类型之间的关系);b)学科与其分支的关系;c)某些整体与部分关系(生物体及人体的系统与器官之间,机构及其所属的分支部门之间的关系)。

等级关系实际上是广义词(泛指词)与狭义词(专指词)之间的关系。广义词是上位词,即上级标题词;狭义词是下位词,即下级标题词。在标题法中,一般只作"上级标题词　参见　下级标题词"的参照,而不作"下级标题词　参见　上级标题词"的参照。原因是:在某个标题词下查找资料的人,不一定会想到"还有一

108

些"和能判明"还有哪些"下级标题词,在其下也可能查到一些他所需的资料,而却会比较容易地想到在上级标题词下还可能查到一些他所需要的资料,并判明上级标题词是哪个词。

等级关系在目录中的表现形式如:

电机
     参见   电动机
               发电机

海洋学
     参见   海洋地质学
               海洋气象学
               海洋生物学
               …………

消化系统
     参见   肠
             口腔
             胃
             …………

显示标题词间的等级关系,是为了揭示概念成族的实际。体系分类法是通过类目等级体系来揭示这种概念成族的实际的。但是,一个概念往往可以隶属于两个或两个以上的上位概念,即概念的"多向成族"现象。例如,"超音速旅客机"这个概念,既可作为"超音速飞机"这个概念的种概念,也可作为"旅客机"这个概念的种概念。体系分类法由于其层层划分、层层隶属以及线性排列的结构形式所限,不允许反映概念"多向成族"的实际(这是形成其"集中与分散"的矛盾的基本原因),而标题法则允许通过参照系统来反映这种概念"多向成族"的实际。

例如：

超音速飞机	旅客机
参见　超音速旅客机	参见　超音速旅客机

用参照法显示标题词间的等级关系，一般只限于显示直接的上下级关系。例如，对"超音速喷气式旅客机"只能作"超音速旅客机　参见　超音速喷气式旅客机"和"喷气式旅客机　参见　超音速喷气式旅客机"的参照，却不能作"超音速飞机　参见　超音速喷气式旅客机"和"喷气式飞机　参见　超音速喷气式旅客机"的参照。这样可避免标题参照的不必要的重复和混乱。

当一个概念既有专设的标题又作为其它标题的子标题出现时，这些标题之间实际上往往也存在着等级关系，可以作下列指示性参照来揭示它们的关系：

　　振动
　　　参见　各种构件下的振动

少数标题系统采用"事物——事物"多级标题的形式，这实际上也是显示概念间等级关系的一种方法。例如：

　　二次文献
　　　——快报
　　　——述评
　　　——题录
　　　——文摘

采用这种多级标题形式时，应辅以"下级标题词　见　上级标题词"的参照。例如，"快报　见　二次文献"、"述评　见　二次文献"，等等。

采用倒置标题形式，也可以显示一部分等级关系，主要是属种关系（因受构词法的限制，只能显示出一部分）。例如：

110

摄影法

　　　,动体

　　　,户外

　　　,人像

　　　,室内

　　　,水下

　　　,夜间

　　在标题法中,用"标题"、"标题——子标题"和"标题——子标题——次子标题"形式显示的事物与其某一方面的关系,是一种概念包含关系,因而也是一种等级关系。在体系分类法中,这种关系就是用等级形式来显示的。

　　(三)相关关系的显示

　　相关关系包括:a)交错关系;b)矛盾关系和反对关系;c)因果关系;d)某种原理、方法、材料、设备与其某个应用方面的关系;e)其它不明确的关系。

　　在具有相关关系的两个标题词下的资料是可以互相参考、互相补充的,所以应作相互"参见"。例如:

图书馆学		情报学	
参见	情报学	参见	图书馆学
汽车		拖拉机	
参见	拖拉机	参见	汽车
辛亥革命		孙中山	
参见	孙中山	参见	辛亥革命
瞎炮		爆破安全	
参见	爆破安全	参见	瞎炮
肺癌		吸烟	
参见	吸烟	参见	肺癌
杂草——防除		除莠剂	
参见	除莠剂	参见	杂草——防除

关税			海关		
	参见	关税法*		参见	关税
		海关			海关法*
关税法					走私
	参见	关税*	海关法		
		海关法		参见	关税法
		贸易法			海关*
走私					走私
	参见	海关			
		海关法			
		刑事犯罪			

＊排在一起的两个标题词之间,有时也可省去互相参见。

第二节　标题表

一　标题表的功用和结构体系

标题表即标题词表,它是标题词的汇编,是一部标题词典。标题表的职能,是对概念等同关系的词进行优选,对同一标题词可能有的不同形式进行优选,对多义词(同形异义词)的词义进行限定,对标题词之间以及非标题词与标题词之间的相互关系进行显示,并提供标题标引的方法指示。所以,标题表是标题词规范化的工具,是对文献进行标题标引和主题检索的依据。

一部标题表一般有下列三个组成部分:

(1)编制说明:其中指出标题表的编制经过、收录标题词的学科或专业范围、选词标准、规范化措施、标题形式、参照系统、词款目著录格式、各种符号的意义、标引规则、标题款目排列法等;

（2）主表：是标题表的正文，包括全部标题词和非标题词，并有参照和注释，按字顺排列；

（3）副表：相当于体系分类表中的各种复分表，可利用它们对标题进行细分，所以也叫标题细分表、细目表或子标题表。副表也象分类表中的复分表那样，分为通用的和专用的。通用副表如地区细分表、时代细分表、文献类型细分表等。专用副表如地方标题细分表、人物标题细分表、机构标题细分表、著作标题细分表、产品标题细分表、疾病标题细分表等。副表中的细目，一般只能作为副标题和标题限定词。地区副表中的国家细目，也可构成主标题。

二　标题表的编制法

标题表有两种编制法：一种是在对文献进行标题标引的过程中逐步积累成表的办法；另一种是通常的编表法。

1. 积累成表法。其编表程序是：（1）设计标题表并制订编表规则，包括编表目的、标题表结构、收录标题词的学科或专业范围、选词标准、标题形式、参照法、词款目著录格式、各种符号用法、标题标引规则、标题款目排列规则等，作一个全面、具体的书面规定；（2）对文献进行主题分析，如系新主题，根据上述规定，考虑适当的标题词，参考有关工具书加以规范化处理，确定后一方面对文献进行标引，一方面将已用的标题词（包括相应的非标题词以及可作副表细目的子标题）用卡片随时记录下来，加上必要的参照事项和注释，这样不断积累、补充；（3）将累积到一定数量的标题词加以系统整理，编成标题表。

2. 通常编表法。其编表程序是：（1）设计标题表并制订编表规则（同积累成表法）；（2）收集词汇，可参考有关的标题表、采用标题法的有关检索工具、有关术语词典等进行收集，也可将类目比较详细的有关体系分类表改造成标题形式（如有分类表主题索引则可作为基础）；（3）对所收集到的词汇进行选词和规范化处理，增加参照和注释,整理成标题表初稿;(4)试标引,并根据试标引中发现的问题,对初稿进行修改、增删、定稿,成为正式标题表。

标题词虽然要求能尽量直接地精确地表达文献主题,但如果要求对每个文献主题都给予一个专指度相当的标题词,则标题词的数量将非常庞大,参照的数量也将会成倍增加,而使标题系统复杂化,变得难于编制和使用。所以,标题词的数量应有适当控制。一般的原则是,本专业的标题词可多选一些,专指度可高一些;非本专业的标题词可少选一些,专指度可低一些。

在标题表中,每一项"见"参照都应有相对应的"见自"提示,每一项"参见"参照都应有相对应的"参见自"提示。另外,应尽量利用注释来明确标题词的涵义和用法。一个标题下的主要子标题,可以直接列出。

标题表中的全部标题词和非标题词混合按字顺排列。标题下的子标题和参照事项各自按字顺排列。各种副表也按字顺排列。

标题表的著录格式如图 22 所示(格式中所收录的标题词和非标题词,基本上都是本章第一节中所举的例子)。

三　标题表的使用法

标题表的使用法,其要点如下:

(1)对于非自编的标题表,在使用之前应花一些时间进行了解、熟悉,对"编制说明"中所说明的各点,一定要搞清楚。正式开始标引之前,最好以一定量的文献作试标引,以便发现问题,作出本单位处理这些问题的具体规定。

(2)标题标引是针对文献所论及或涉及的事物进行标引,而不是针对文献内容的学科性质进行标引。例如,一篇文章论述的主题是南昌起义,就应以"南昌起义"为标题,而不应以"中国—历史—新民主主义革命时期"为标题。

A　爱克斯射线
　　见　X射线
　氨水
　　见自　氢氧化铵
B　保护地栽培
　　见　温室园艺
　北大
　　见　北京大学
　北京大学
　　见自　北大
　编目
　　,档案
　　　见　档案编目
　　,图书
　　　见　图书编目
　不可压缩流
　　见　可压缩流
D　采矿
　　见自　矿山—开采
　场致发光
　肠
　　—溃疡
　超音速飞机
　　见　飞机,超音速
　超音速旅客机
　　参见自　飞机,超音速
　　　　　旅客机
D　档案编目

　　见自　编目,档案
低速飞机
　　见　飞机,低速
地质学
　　,海洋
　　　见　海洋地质学
电动机
　　见自　马达
　　参见自　电机
电机
　　参见　电动机
　　　　　发电机
电脑
　　见　电子计算机
电子计算机
　　参见　电子模拟计算机
　　　　　电子数字计算机
　　见自　计算机,电子式
　　　　　电脑
电子模拟计算机
　　参见自　电子计算机
电子数字计算机
　　参见自　电子计算机
电子显微镜
　　见　显微镜,电子式
杜鹃(动物)
杜鹃(植物)
F　发电机

图22　标题表(示意的)

115

海洋生物学

 见自 生物学,海洋

 参见自 海洋学

黄羊

 参见自 羊

或然率论

 见 概率论

J 几率论

 见 概率论

计算机

 ,电子式

  见 电子计算机

桔(果树)

桔(水果)

K 开合式桥

 ,钢结构,铁路用

  见 钢桥,开合式,铁

   路用

可压缩流

 见自 不可压缩流

刻痕硬度

 见 硬度,以刻痕表示的

跨音速飞机

 见 飞机,跨音速

矿山

 —开采

  见 采矿

溃疡

注:人体某种器官的溃疡

 以器官名称为标题。

 如:肠—溃疡

L 历史

 注:某一国历史以国家名

  称为标题。如:日本—

  历史

旅客机

 参见超音速旅客机

M 马达

 见 电动机

贸易法

 参见 关税法

 参见自 关税法

绵羊

 参见自 羊

P 频率

 —调制

  见自 调频

Q 期刊

 —情报密度

  见自 情报密度,期刊

气象学

 ,海洋

  见 海洋气象学

汽车

 —零部件

 —零部件:发动机

<table>
<tr><td>

　　　　见　发动机,汽车用
　　—设计
　汽车发动机
　　　　见　发动机,汽车用
　氢氧化铵
　见　氨水
　情报密度
　　，期刊
　　　　见期刊—情报密度
　情报学
　　　参见　图书馆学
　　　参见自　图书馆学
S　山羊
　　　参见自　羊
　设计
　　注:某种产品的设计以产
　　品名称为标题。如:
　　　汽车—设计
　生理
　　注:某种植物、动物的生
　　理以该种植物、动物
　　名称为标题。如:
　　　羊—生理
　生物学
　　，海洋
　　见　海洋生物学
　孙中山
　　　参见　辛亥革命

</td><td>

　　　参见自　辛亥革命
T　调率
　　　见　频率—调制
　铁路开合式钢桥
　·见　钢桥,开合式,铁路用
　图书编目
　　　见自　编目,图书
　　，外文图书
　　　　见自　外文图书—编目
　图书馆学
　　　参见　情报学
　　　参见自　情报学
W　外文图书
　　—编目
　　　见　图书编目,外文图书
　万有引力定律
　微量元素
　温室园艺
　　　见自　保护地栽培
　　　　　园艺,温室
X　显微镜
　　，电子式
　　　见自　电子显微镜
　辛亥革命
　　　参见　孙中山
　　　参见自　孙中山
　刑事犯罪

</td></tr>
</table>

参见 走私。	一用途
参见自 走私	一育肥
Y 亚音速飞机	一育种
见 飞机,亚音速	硬度
羊	,以刻痕表示的
参见 黄羊	见自 刻痕硬度
绵羊	园艺
山羊	,温室
一畜牧经济	见 温室园艺
一繁殖	Z 走私
一放牧	参见 海关
一疾病	海关法
一解剖	刑事犯罪
一生理	参见自 海关
一饲料	海关法
一饲养	刑事犯罪
一选种	＊ ＊ ＊
一遗传	X 射线

注:在实际的标题表中,一般用"×"符号表示"见自",用"××"符号表示"参见自"。

（3）一篇文献论及多少事物,就可用多少个标题词分别标引,不受限制,主要视其是否有检索意义而定。例如,一篇论述从木屑制香兰素的文章,可以作两个主题来标引:"木屑一综合利用"和"香兰素一原料代用品"。

（4）按严格要求标引时,标题的专指度不得低于文献的主题。例如,文章所论述的是轮式拖拉机,就不得简单以"拖拉机"作标题,而应以"拖拉机,轮式"或"轮式拖拉机"作标题。如果文章所论述的是轮式拖拉机修理,就不得简单以"拖拉机,轮式"或"轮式拖拉机"作标题,而应以"拖拉机,轮式—修理"或"轮式拖拉机—修理"作标题。在标引过程中,当标题词达不到所需专指度时,应尽量用加说明语、子标题等方法达到所需专指度。一个标题所用的说明语或子标题数量在原则上不受限制。

若不严格要求专指度,则可不用或少用说明语和子标题,但必须作出明确规定,以免分歧。

(5)标题表中未列的标题词,需要时可以自拟,但必须符合该标题表的规范化要求。自拟标题词应添写入标题表或另用卡片记录,并加必要的参照项。

(6)无定译的外文名词,可用原名作标题词,汉文拟译名则作为非标题词,以"见"和"见自"参照与原文标题词联系。

(7)文献的特殊类型可用圆括号加注于标题词后,而不作子标题。

(8)在作参照时,是根据所标引文献主题相应标题词下的"见自"和"参见自"作参照款目,而不是根据"见"和"参见"作参照款目。例如,正在标引的一篇文章的主题是电子计算机,则作"电脑 见 电子计算机"的参照,而不作"电子计算机 参见 电子模拟计算机、电子数字计算机"的参照;又如正在标引的一篇文章的主题是海洋学,则不作任何参照,因为在"海洋学"这个标题词下只有"参见"项而没有"见自"或"参见自"项。

参照款目只作一次即可,因此作过之后应在标题表上有关处打上"√"号。例如,作过"电脑 见 电子计算机"这一参照款目后,应在"电子计算机"标题词下的"见自 电脑"这一参照指示前面打上"√"号。

(9)要注意标题形式的一致性。例如,"肝硬变"和"肝—功能衰竭"这两种标题形式原则上都可以采用,但当同时采用以上两个标题时,排列效果就不好。

(10)如果一个标题下将会有许多同性质子标题时,可加范畴

120

词集中,然后区分。例如:

金属一性能,工艺:焊接性能

金属一性能,工艺:切削性能

金属一性能,化学:耐热性

金属一性能,化学:耐蚀性

金属一性能,机械:弹性

金属一性能,机械:硬度

金属一性能,物理:磁性

金属一性能,物理:导电性

但是,采用这种措施要有预见,须事先作出规定。若不事先作出规定,后来再加范畴词是会产生困难的。加范畴词也可采用增加一级子标题的形式,即:"主标题一范畴子标题一具体子标题"。

汉语标题的排列次序是:

①空白(标题原型)

②( )(带文献特殊类型说明的标题)

③一(带子标题的标题)

④:(子标题后带范畴词)

⑤,(带说明语的标题或倒置标题)

⑥汉文文字

⑦拉丁字母

⑧希腊字母

⑨阿拉伯数字(0/9)

⑩罗马数字(小/大)

例如:

汽车

汽车(手册)

汽车一设计

汽车—性能

汽车—性能：动力性

汽车—性能：燃料经济性

汽车—制造工艺

汽车，消防用

汽车，越野式

汽车，自卸式

汽车，HQ—80 型

汽车，80A 型

汽车厂

汽车发动机

汽车驾驶员

四　标题表的管理

对标题表必须不断进行修订，这是使它保持标引能力和提高检索效率的重要措施。

标题表的修订大体包括如下几个方面：

（1）补充标题词。这一方面是指补充随着社会的发展和科学技术的进步而出现的新事物、新概念；另一方面是指补充虽非新事物、新概念，但标题表上原来未列而在标题系统中实际已采用的标题词；

（2）订正标题词。包括用新称代替旧称，改正不恰当的词或标题形式；

（3）合并或删除某些不必要的标题词；

（4）增加已列标题词的同义词；

（5）在某些标题词款目下增加子标题；

（6）增加标题词注释；

（7）订正、补充参照系统；

（8）修订、完善标引规则。

标题表的管理工作应注意以下几点：

（1）标题表的修改应慎重。对未能作出正式决定的修改、增补材料（包括试用的标题词），可设置标题表管理卡加以记载，格式如图23所示。

标题词	
说明：……………………………………………………………… …………………………………………………………………	
见：…………………………… …………………………… 参见：…………………………… ……………………………	见自：…………………………… …………………………… 参见自：…………………………… ……………………………

图23　标题表管理卡格式

（2）正式决定的修改、增补材料应记入标题表使用本的相应地位（最好用红笔记录），然后撤去标题表管理卡中有关记载；

（3）增补、订正标题词时，要考虑参照系统是否应作修改；

（4）标题表修改时，标题目录应随之订正；

（5）在标引、检索及阅读书刊过程中发现的可作标题表修订用的材料，应随时记录积累，定期整理；

（6）在标引过程中，除查标题表外，还应注意查标题表管理卡。

第三节　标题法的性能

一　标题法与体系分类法的比较

标题法和体系分类法属于两大情报检索语言系属,在性能上有很大差别。但是,它们都是先组式语言,所以在性能上又有一些共同点。

标题法以经过规范化处理的名词术语作为标识,来表达文献所论及或涉及的事物——主题,并将全部标识按字顺排列。所以,它是以事物为中心,来集中与该事物有关的一切文献资料,而不管这些文献资料是从哪个角度,哪一学科方面来论述该事物的。

体系分类法以分类号作为标识,来表达文献内容的学科性质,并将全部标识按分类体系(即按各门学科之间的相互关系)排列。所以,它是以学科或专业为中心,来集中与该学科或专业有关的一切文献资料,而不考虑按事物集中全部资料的要求的。

由此可见,标题法的特点是直接性,它比较适合于从事物出发进行检索,要检全一种事物各个方面的文献资料一般比较容易,但要检全一门学科或一个专业以及各种事物在同一学科、专业方面的文献资料则很困难。体系分类法的特点是系统性,它比较适合于从学科门类出发进行检索,要检全一门学科或一个专业以及各种事物在同一学科、专业方面的文献资料比较容易,但要检全一种事物各个方面的文献资料则很困难。

标题法比较灵活,对主标题加副标题或说明语在原则上不受限制,必要时可自拟恰切的标题词,故标题法的标识可以达到很高的专指度。体系分类法则不够灵活,其标识仅限于分类表中已列出和已规定出复分者,然而分类表中所采用的分类标准和所列出的类目

124

数量往往有限,故体系分类法的标识专指度一般不及标题法。

各种事物或概念的标识在标题系统中都是平等排列的,同时标题表补充修改比较容易,所以标题法反映细小问题和新事物的能力比较强。在分类系统中,各种事物或概念都必须按其相互隶属关系排列成等级体系,同时分类表补充修改比较困难,所以体系分类法反映细小问题和新事物的能力比较差。

标题的直观性强,标题法的字顺系统较易掌握,懂得查字典的人一般都可进行检索,检索速度较快。分类号的直观性差,体系分类法的等级系统较难掌握,要对分类体系有一定了解,才能顺利地进行检索;熟悉者检索速度快,不熟悉者慢。但有类目索引的体系分类法较易掌握。

在标题系统中,虽然每个标题都有明确、固定的位置,字顺排列也有一定的规律性,但这种排列次序并不反映标题词之间的概念逻辑关系,标题法缺乏像体系分类法那样的"鸟瞰全貌"、"触类旁通"的系统性和方便性。

标题法同体系分类法一样,是先组式语言,它的先组式标识对多途径检索和自由扩检、缩检有很大限制。但由于在标题系统中保留了非正式标题词和非正式标题形式,再加上对一个复杂主题概念可用两个或更多个标题来标引,所以,其多途径检索的可能性要比体系分类法大一些。在标题系统中进行扩检和缩检,主要是通过参照系统以及增删子标题来实现的。这实际上也是在等级结构中进行扩检和缩检,而且参照系统是间接性的,所以标题法扩检、缩检的自由(方便)程度比体系分类法更差一些。

体系分类法除可用于目录组织外,还可用于藏书排架,对藏书研究、补充、开架阅览、外借、宣传、辅导、咨询、统计等工作都较方便。标题法除可用于目录组织和在参考咨询工作方面较方便外,对其他工作则不甚适用或根本不适用。

采用标题法,既可按现成的标题表进行标引,也可只按标题规则进行标引,在标引过程中逐步积累成标题表。采用体系分类法,则必须有现成的分类表,方可进行标引。

体系分类法较易达到统一(一定范围、一定程度的统一),标题法较难达到统一。这是因为,体系分类法的等级体系具有很大的伸缩性,一种分类表,即使不同单位在不同的类目等级上使用它,各个单位之间仍可保持一定程度的统一;而不同单位对同一种标题表的自行增删(使用单位自行增加标题词是必须允许的,否则标题标引将无法进行),却必然会造成很大的分歧。同一种分类法能够被使用不同语言的人们共同接受,同一种标题法却不能被使用不同语言的人们共同接受。

总之,标题法和体系分类法各有优点和缺点,而且它们在许多方面的优缺点正好相反,所以,它们是互相补充,而不是互相排斥的。

二 标题法的某些问题

(一)标题法中的"集中与分散"问题

标题法同体系分类法一样,也存在着"集中与分散"的矛盾,或者说,存在着文献资料被分散的现象。这主要表现在以下两个方面:

(1)标题法以事物为中心集中文献资料,从学科或专业角度看,却造成了文献资料的严重分散。例如:

> 胃—解剖
> 胃—溃疡—护理
> 胃—溃疡—内科疗法
> 胃—溃疡—外科疗法
> 胃—溃疡—治疗药物
> 胃—生理
> 胃—肿瘤

这样以事物为中心集中文献资料的结果,从人体解剖学、人体生理学、内科学、外科学、肿瘤学、护理学、药物学等等角度出发,便不可能再检索到属于那些学科的上述文献资料了。同时,与人体解剖学等每个学科有关的标题,在标题系统中到底有多少以及到底是哪些,也是无从知道的。

(2)标题法用无等级性的语词作标识以及标题以字顺排列为原则,即使对同族事物也难于集中。例如:

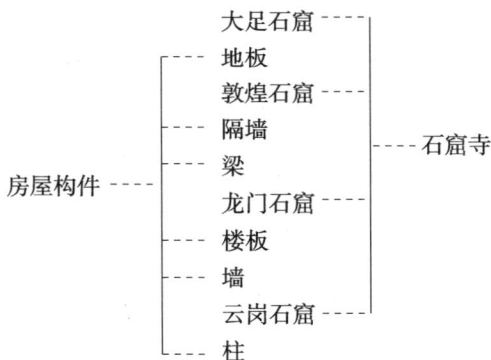

```
                    大足石窟 ─────┐
          ┌── 地板                │
          │    敦煌石窟 ─────┤
          ├── 隔墙                │
          │    梁                 ├──── 石窟寺
房屋构件 ──┤    龙门石窟 ─────┤
          ├── 楼板                │
          ├── 墙                  │
          │    云岗石窟 ─────┘
          └── 柱
```

图 24　同族事物的标题在字顺中被分散

其中"地板"、"隔墙"、"梁"、"楼板"、"墙"、"柱"是同族事物,"大足石窟"、"敦煌石窟"、"龙门石窟"、"云冈石窟"也是同族事物,都在字顺序列中被分散了。

所以,标题目录只是对以事物为对象的很专指的检索课题来说,才是有效的;对检索一个学科或专业范围的文献资料来说,则无能为力;对检索一个稍大专题的文献资料来说,也是很麻烦的。

标题法采取如下措施来弥补文献资料被分散的缺陷:

(1)用倒置标题集中同族事物;

(2)用由上级标题词向下级标题词的"参见"来建立同族事物

标题词之间的联系;

（3）多向成族的参照法;

（4）在某些标题系统采用的"事物—事物"多级标题;

（5）从表达一般概念的标题向表达特殊概念的子标题的指示性参照（如"人体生理学　参见　各种器官的生理"）。

这些措施在一定程度上可以缓和"集中与分散"的矛盾,但不能彻底解决这个矛盾。而且这些措施用得多了,标题法的参照系统便会搞得相当复杂,增加编制检索工具的难度。

总的说来,标题法虽然比体系分类法有较大的灵活性（如标题词可以倒置,参照系统可以显示概念的多向成族）,但是,由于其标题形式是先组式的,所以同体系分类法一样,总不能达到按事物各种特征的任意组合来自由检索文献资料的可能性。也就是说,"集中与分散"的矛盾,在标题法中也是没有解决的。将在下一章中阐述的单元词法,正是企图解决这个矛盾而出现的。

（二）标题目录、分类目录、分类目录类目索引、分类表类目索引四者的选择问题

这是一个现实问题,可以分下面几点进行分析:

（1）标题目录是否可以替代分类目录?

前面已经对标题法与体系分类法在性能上的异同作过比较,可以说,标题目录（它是标题法的体现;目前提倡用叙词表作为标题表的代用品编制的标题目录式检索工具,其性能与标题目录相似,也可以认为是标题目录）固然有不少优点及特长,但是它只是对以检索某一事物的有关文献为对象的很专指的检索课题来说,才是有效的,特别是它缺乏像分类目录（它是体系分类法的体现）那样的学科系统性,不能给检索者以"鸟瞰全貌"、"触类旁通"的方便,因此,它不可能将分类目录取而代之。这不仅在综合性图书馆和情报机构中是如此,在专业性图书馆和情报机构中也是如此。

标题目录和分类目录各有优点和缺点,而且它们在许多方面

128

的优缺点正好相反,所以,它们是互相补充,而不是互相排斥的。目前,我国绝大多数图书馆和情报机构的藏书只有分类检索途径而没有主题检索途径,这固然是一个缺陷,但如果反转来,只有主题检索途径而没有分类检索途径,那也将是一个缺陷。再退一步说,假定标题目录大大优于分类目录的话,目前它在我国的流行程度接近于零的情况下,要达到替代分类目录的程度,也不是在短期内能实现的。但是,标题目录整个来说大大优于分类目录,这一点至今还没有得到证明。所以,分类目录与标题目录可以并存,应当并存。有条件的图书馆和情报机构,应当增设标题目录。

（2）分类目录为什么应当有类目索引?

所谓分类目录类目索引,即分类目录字顺主题索引,是根据分类目录而不是根据分类表编制的类目索引。这种索引也是根据标题法的原理,其具体编制方法与分类表类目索引的编制方法相同,而且也以编制相关索引为好。

分类目录类目索引的功用,是作为分类目录的辅助工具,一是可以帮助不熟悉分类目录结构的检索者迅速找到所需要的类目;二是可以将分类目录中分散的有关同一主题各个方面的类目集中显示,提供从主题检索的途径;三是可以将名同实异的类目集中并加注释区分,方便检索者进行比较、分辨,准确地选择类目;四是可以补充分类目录导卡乃至分类表中未列出的同义词和其它概念;五是可以将一个图书馆或情报机构使用不同分类法或同一分类法编制的若干种分类目录中的类目集中显示于一处。

由此可见,分类目录类目索引是分类目录的必要组成部分,编制这种索引是提高分类目录作用的有效措施。

（3）分类目录类目索引是否可以替代标题目录?

也就是说,既然分类目录有了类目索引,已具备了某种程度的主题检索功能,是否还有必要再编制标题目录呢?

实际是这样:分类目录配备类目索引以后,确实可以具有一定的主题检索功能,但是,与标题目录的主题检索功能相比,是有相当差距的。这是因为:(1)在某个类目下实际存在的主题,在分类目录类目索引中是不可能都反映出来的。例如:一篇关于用某种杀虫剂防治水稻虫害的文章,可以分入 S435. 11(或 S511. 108),但是不可能为 S435. 11(或 S511. 08)这个分类号以那种杀虫剂的名称作索引款目。这样,在检索那种杀虫剂的资料时,在分类目录类目索引中就查不到那个分类号。而在标题目录中,则完全可以对那篇文章用那种杀虫剂的名称单独编制一条标题款目;(2)分类目录类目索引只能指出分类号,而不能指出具体文献资料的索取号。可是,同一个分类号可能包括许多概念,所以在检索时利用分类目录类目索引查到了分类号,还须在分类目录该类目下的卡片中一一甄别、拣选(但如果分类表类目比较详细,则索引款目可以给出比较具体的分类号,甄别工作量就可能较小),而在标题目录中,标题一般是比较专指的,甄别量较小。

由此可见,分类目录类目索引是很难完全替代标题目录的。

那末,在编制分类目录类目索引时,能不能根据具体文献资料编制,给出具体的索取号,而不是只给出分类号呢?如果单纯从方法上来说,是可以做到的。但那种索引实际上已是一种藏书的简明主题索引,而不是分类目录的类目索引了。那种索引的主题检索功能固然要大一些,但编制工作量也将远远超过编制分类目录类目索引的工作量,而与编制标题目录所需的工作量已相差无几,倒不如编制一套正规的标题目录,使用更方便一些。

(4)标题目录是否可以替代分类目录类目索引?

在有标题目录的情况下,主题检索就可以使用标题目录,而不再使用分类目录。并且,从标题目录中也可间接地获得某些主题的分类号(当标题款目上有分类排架的索书号时)。这样,就减少了对编制分类目录类目索引的迫切性。但是,标题目录不能完全替代分类目录类目索引作为一种查号手段的功能,因为从标题目录中查到的分类号(从检索者看来,它的含义等于标题的含义)与分类目录中的类目往往有很大的误差(其原因可用第三点中举过的例子说明)。所以,不能说,有了标题目录,分类目录就不再需要编制类目索引了。分类目录应当有与它的类目相符的类目索引。

(5)分类表类目索引是否可以替代分类目录类目索引?

这两种索引可以说是重复的。用正式出版的分类表类目索引替代分类目录类目索引,有优点,也有缺点。优点是:分类表类目索引质量高,内容详尽,查阅方便(因为它是书本式的,而且使用不只一种检字法),不需花人力去编制,甚至可以多购几部,分散到目录室、借书处、阅览室、编目部、参考室等各处供使用。缺点是:分类表类目索引中有款目,在分类目录中不一定有类目、有书;它不能像分类目录类目索引那样,可以把图书馆或情报机构采用的多种分类法的类目汇集于一个索引中。至于补充新概念,两者都能做到。由此可见,用分类表类目索引替代分类目录类目索引,优点是主要的,缺点是并不严重的。

(6)决定选择的因素是什么?

在四者之间进行选择的决定因素,一是对检索效率的要求,二是人力,物力、时间和人员业务水平的可能性。第二方面往往更具有决定性。一般可以根据下列的次序进行选择:

a)若人力有限,就只编制分类目录;

b)若有正式出版的分类表类目索引,就利用这种索引与分类目录配套;

c)若没有正式出版的分类表类目索引,而又稍有一点人力,可编制分类目录类目索引;

d)若有较充裕的人力、物力,可再增加一套标题目录(用叙词表作为标题表的代用品编制的标题目录式检索工具,也可以认为是标题目录)。

第五章 单元词描述语言

第一节 单元词法的原理

一 单元词法的构成原理

单元词法脱胎于标题法，它是作为对标题法先组式标识的改革而出现的。单元词语言是主题法系统中的一种后组式语言。

单元词法目前已发展为叙词法。也可以说，它已被叙词法取而代之而不复存在。但是，了解它的原理、方法和性能，不仅有助于深入了解叙词法，也有助于进一步了解标题法。

单元词法同标题法一样，也是以取自自然语言并经过规范化处理的语词作为标识，来表达文献所论及或涉及的事物的。

单元词法的基本原理是：任何一个复合概念——完整的、具体的、复杂的概念，都可分解为若干单元概念——更为一般的、单纯的概念，而每个单元概念一般只须用一个单词（单纯词或合成词）来表达。因此，标题法的词组（复词）标题、倒置标题、带子标题的标题、带说明语的标题、带限定词的标题等所表达的任何一个复杂的概念（文献主题），都可用一些单词——单元词的组合或组配来表达。

单元词是指一个个最小、最基本的词汇单位，是能够用来描述文献所论及或涉及的事物——主题的那些单词。在汉语中，它可能是一个单纯词,如"氧"、"逻辑"、"马克思"、"乌鲁木齐"等;也可能是一个合成词,如"文字"、"图书馆"、"车床"、"铁路"、"隔音"、"焊接"、"污染"、"强度"等。这些词的特点是:它们在概念上不能再进一步分解;如果再分解,便不能表达专业概念,失去检索意义。例如,"车床"一词不能再进一步分解为"车+床","铁路"一词也不能再进一步分解为"铁+路"。因此可以说,单元词只是构成"标题"的构件,它们本身绝大部分不是具体的标题,或者说只是一些不符合"直接地精确地表达文献主题"这一基本要求的"标题词"。若干单元词的相互组合或组配,才能构成一个专指标识,精确表达文献主题或检索课题。例如,将"隔音"和"纸"两个单元词进行组配,便可构成"隔音纸"这个"标题";将"隔音"和"板"或者"塑料"和"板"两个单元词进行组配,便可构成"隔音板"或者"塑料板"这些"标题";而如果将"塑料"、"隔音"和"板"三个单元词进行组配,便可构成"塑料隔音板"这个更为专指的"标题"。

单元词法的特点,在于它的"标题"是组配构成的,而且是"后组式"的,即到检索时才将它们组配起来。后组式标识是单元词法的重要特点。它的一些优点都是由这个特点决定的。例如,它因此而摆脱了标题法中每个标题只能选择一种标题形式作为正式标题的局限;不存在词序问题;组成"标题"的每一个单元词都是排检词,都可作为检索的"入口",从而可提供更多的检索途径;利用对单元词的增减,可以自由地扩大、缩小或改变检索范围,等等。

但是,正因为单元词法的"标题"是后组式的,所以它只适用于标识单元方式检索系统,如比号卡、比孔卡、各种机械检索系统以及书本式检索工具。因此,单元词法检索系统必须由两个部分组成:(1)单元词卡,每张只登录一个单元词和一系列有关文献的编号——顺序号,卡片按单元词字顺排列;(2)文献题录卡或文摘卡,按文献编号顺序排列。检索时,先确定检索课题应由哪几个单元词组配,抽出相应的单元词卡,对比其上登录的文献号,凡各张单元词卡上都有的那些文献号,即为所要检索的文献;再根据文献号转查题录卡或文摘卡,即可知具体的文献,并进一步进行筛选,然后提取原文。这种办法,也叫"反记法"。因为它是将文献号记在标识单元卡上,而不是将标识记在文献单元卡上。

二　单元词的范围及选词原则

单元词所表达的概念,与标题词所表达的概念,范围几乎完全相同,都是自然界、生产技术领域、社会政治、经济、文化领域以及人类思维活动领域的一切事物。但是,两者在选词上有很大差别,主要在于:(1)标题法的特点是直接地精确地对文献主题进行标引,因此大量选用表达较狭小、较复杂概念的词组。而单元词法的特点是周到地具体地对文献主题(更恰切地说是对文献的情报内容)进行描述,因此偏重于选用表达简单、广泛概念的单词(单纯词和合成词);对较狭小、较复杂的主题概念,则尽量用一些能表示其概念因素的单词来组配表达,而不选用能直接地精确地表达该复杂概念的专指性词组;(2)标题法常藉助于专指度不太高的表示对象事物的名词术语加说明语、子标题、限定词等来提高标题的专指度,但说明语不列入标题表,等到标引时再拟定,子标题和限定词也不能作主标题,所以标题词只是那些表示具体事物和抽象事物的名词术语。而单元词法则不仅将表示对象事物的词列入单元词表,而且将不单独表示对象事物而仅表示事物特征的一些普通概念词也列入单元词表,供组配专指度较高的标识使用;(3)单元词法允许使用表示数量和数序的词以及代号等作单元词,但一般不列入词表。

就科学技术领域的单元词来说,其范围大体包括:

(1)表示文献所论及或涉及的事物(具体事物和抽象事物)的名词;

（2）表示事物的形态、性质、现象、过程的名词；

（3）表示对事物施加作用的方法、措施、工艺的名词；

（4）表示事物所处环境和对事物施加作用时的条件的名词；

（5）各种专有名词，如地名、人名、机构名、书刊名、研究计划名称、著名系统名、设备型号、商品牌号等（不必都列入词表，必要时可随时增补）；

（6）表示文献类型、体裁的名词；

（7）普通概念词（如"作用"、"处理"、"效率"、"防止"、"通用"等）；

（8）表示数量和数序的词（可作为单元词，但一般不列入词表）；

（9）接头词（如"超～"、"高～"、"半～"等）。

三　单元词的规范

由于单元词语言是一种全组配语言，所以词汇控制问题具有特殊的重要性。对单元词的规范化处理是避免文献资料分散，保证检索效率的重要环节。规范化处理包括：

（1）词组的解析。凡表示复合概念的词组，应尽量解析为一些表示其概念因素的单词。解析的程度，达到在学科或专业领域内不失检索意义的基本概念为止。在汉语中，大多是二、三个字构成的单纯词和合成词。例如，"三层法铝精炼电解槽"这一词组可解析为"三层法"、"铝"、"精炼"、"电解槽"四个单词。其中"三层法"一词本身概念不明确，组配能力也不强，可以不要；"电解槽"一词一般可不再解析为"电解"和"槽"，因为"槽"一词无多大检索意义，如有必要；则可解析为"电解"和"设备"两个单词。又如"有色金属"这一词组也不必再解析为"有色～"和"金属"两个单词，因为"有色～"一词无检索意义，而"金属"一词太泛指。

（2）同义词的处理。这是指在一般同义词之间，以及在学名与俗称之间、新称与旧称之间、全称与简称之间、不同译名之间、不同写法之间进行优选。选用的词为单元词,不选用的词为非单元词。非单元词应保留在单元词表中,用"见"参照引见所选用的词。

(3)近义词的合并。近义词应尽可能地进行合并,选用其中较有代表性的一个作单元词,其余则作为非单元词保留,用"见"参照引见所选用的词。例如,在"人员"、"工人"、"职员"、"职工"四词中选用"人员"一词作单元词,在"教育"、"培养"、"训练"、"培训"四词中选用"教育"一词作单元词,则"职工教育"、"人员培训"、"工人训练"、"职员教育"等等均可用"人员"和"教育"两词组配表达。

(4)反义词的合并。反义词之间存在着关联性,有些反义词所指的实际上是同一问题,因此应尽可能地加以合并,选用其中一个(一般是正面的)作单元词,其余则作为非单元词保留,用"见"参照引见所选用的词。例如,在"腐蚀"、"防腐蚀"、"抗腐蚀"、"耐腐蚀"四词中可选用"腐蚀"一词作单元词。

对反义词的另一种处理办法是将反义词(一般是反面词)分析为两个词,其中一个为普通概念词或接头词。如可将"防腐蚀"一词分拆为"防止"和"腐蚀"两词,将"耐腐蚀"一词分拆为"耐~"和"腐蚀"两词。

对于用反义词来命名的具体事物名称,应保留原有形式,不能分拆,如"防潮层"。

(5)多义词的限定。多义的单元词若使用频率较高,且在检索中可单独使用者,应加限定词区分,限定词即成为单元词不可分离的组成部分。如:"线路(电)","线路(铁道)"。若使用频率不高,或虽然使用频率较高,但在检索中不能单独使用者,则不必区分。

(6)化合物、复合材料等名词的解析。对于这类名词,不能简单地拆词,而应当用概念组配原理进行解析。如"磷化锌"一词应分解为"锌化物"、"磷化物"两个单元词;"银铜"一词应分解为"银"、"铜"和"合金"三个单元词;"聚氯乙烯"一词应分解为"聚合物"、"乙烯"和"氯化物"三个单元词。原词必要时可作非单元词保留,以便引出用以组代的单元词。

(7)专有名词的处理。地名、人名、机构名、书刊名、商品牌号等都不能分解,可直接作单元词;但如有同义词,则应加以处理。

(8)太专指而检索意义不大的词的合并。这类词即使是不可再分拆的单词,也可并入较泛指的词。原词必要时可作非单元词保留,用"见"参照引见代替它的泛指词。例如,可以将"色觉"并入"视觉"。

(9)使用频率很低但又有一定检索意义的词的处理。对这类词一般可借用其它单元词加以组配来代替(用概念组配法)。如"足针"可用"针灸"和"足部"两词表达。原词可作非单元词保留,以便引出用以组代的单元词。

(10)某些词义含糊的词的处理。对这类词所表达的概念,应视具体情况,采用别的恰当的词来表达。如"海事"一词可用"船舶"、"航行"、"事故"三词组代;"坐药法"一词可用"栓剂"、"疗法"两词组代;"记忆"一词可用"记忆装置"一词代替,等等。原词可作非单元词保留,以便引出所采用的词。

(11)某些只具有定语性质的词的处理。由于这类词数量较多,在使用上也不一定很严格,所以应尽量合并,宜选用比较概括、泛指的形容词作为单元词。如"大吨位"、"大跨度"、"大比例尺"、"大号码"等,均用"大型"一词表示。其余的词可作非单元词保留,用"见"参照引见选用的词。

凡是有相应名词的形容词,一般都可与名词合并,不再采用形容词形式作单元词。如在"儿童"、"儿童的"、"儿童用的"、"香蕉"、"香蕉味的"这些词中,只选用"儿童"、"香蕉"两词作单元词。在这种情况下,对不采用的词不必保留作非单元词。

(12)接头词的选定。如果使某些词组的接头部分与基本成分分离,既能创造族性检索条件,又能压缩单元词数量时,其接头部分可单独作单元词。如"超～"、"耐～"等。

(13)简约派生词的处理。对这类词应先恢复原生词,再作解析。如:

　　　　变频→频率＋变换
　　　　采煤→煤矿＋开采

未采用的简约派生词应作非单元词保留,以便引出用以组代的词。

第二节　单元词表

一　单元词表的功用、结构体系和编制法

单元词表是一种标准词表。它的功用,主要是进行词汇控制,提供规范化的单元词,以保证单元词系统的统一。

简单的单元词表,只有一个字顺词表。较完备的单元词表,则由一个字顺词表和一个分类词表(单元词范畴表)组成。

单元词字顺表包括全部单元词以及大量非单元词。在单元词款目下,列出与其等同的非单元词,以及一些本来可由该单元词组配表达但在表中已经列出的单元词和多元词,并有"参见"参照指向相关单元词。在非单元词款目下,则有"见"参照指向与其等同的单元词(有时是两个组代它的单元词)。单元词表不显示单元词之间的等级关系,所有的单元词都是平等的,独立的,并全部按字顺排列。在单元词款目和非单元词款目下,除个别者外,都不加

138

注释。

单元词分类表不包括非单元词,也无参照和注释,只将单元词按学科、专业或问题进行粗略分类,并允许一个单元词在几个类重复出现,以方便在标引或检索时选取。

编制单元词表有三种方法:(1)利用有关分类表中的类名或标题表中的标题词改造成单元词,整理成词表;(2)利用有关检索工具(特别是文摘及其主题索引)收集单元概念词,整理成词表;(3)在标引过程中逐步积累,成为词表。这几种方法可结合使用。

单元词表应定期进行整理、修订,使其不断完善。使用频率是修订词表的主要依据。对使用频率很高的单元词,应进一步细分,即增加更专指的词;对使用频率很低的单元词,则可进行归并。

二 单元词表的使用法

单元词表的使用,大体要注意下列几点。

(1)单元词法着眼于对文献的情报内容进行描述,因此,文献的主题分析力求全面。例如,在技术文献中,除"对象"(作用的承受者,如原材料)和"生成物"(作用的结果,如产品)之外,对"方法"(施加作用的方法和手段,如工艺、设备)、"条件"(对对象施加作用时的状况,如空间、时间、条件)和"存在"(如触媒剂及其它间接作用物质)诸方面也应注意,不可忽略。

(2)文献分析标引过程一般是从篇名、目次、引言、结论、文摘中(必要时也从正文中)抽取为描述文献中有价值的情报内容所必须的关键词,然后再查阅单元词表,将这些关键词转换成单元词。

(3)每篇文献标引所用单元词数量不限,主要决定于对标引深度的具体要求。国外一般使用 8～10 个单元词来标引一篇文献。但最好根据对用词数量与检索效果关系的统计来确定。标引用词太少会造成漏检(有参考价值的文献未能全部检出),而标引用词太多会造成误检（检出一些无关宏旨的文献）。

（4）单元词检索系统由按字顺排的单元词卡和按顺序号排的文献卡两部分组成。单元词卡如果采用比号法，则文献号码应按尾数分 0/9 十栏登录，以便比对（见图25）。

机器人									
0	1	2	3	4	5	6	7	8	9
0100	0071	0102	0113		0045	0136		0088	0229
0210	0141		0153		0705			0248	
0270	0191		0223					0378	
0530	0311							0388	
	0771								

图25　采用比号法的单元词卡格式

（5）当一篇文献有两个或两个以上主题，不同主题的单元词之间在检索过程中可能产生误组配（假联系）时，可使用关联符号解决。每个主题的单元词都使用同一个关联符号。把关联符号加在文献号之后。检索比号时，不仅文献号必须相同，而且关联符号也必须相同。关联符号在这里的作用，是把一篇文献分割成几个假想的部分，使每个部分对应于一个主题。例如，0148 号文献论及了"地图的排架"和"乐谱的著录"两个主题，标引时应为：

　　　地图　0148a　排架　0148a
　　　乐谱　0148b　著录　0148b

这样就可避免在检索"地图的著录"或"乐谱的排架"时将其检出，造成误检。

（6）由于单元词组配无词序，所以两个单元词的组配有可能产生两种涵义。例如，0142 号文献论述了"清洁用机械"，0163 号文献论述了"机械的清洁"，这两篇文献都可用"机械"和"清洁"

两个单元词标引,结果无论在检索前者还是在检索后者时,都可把它们检出,造成误检。对此,可使用职能符号解决。职能符号加在单元词后,起对单元词的职能进行限定的作用。例如,若 a 代表事物、对象,b 代表性能、用途,c 代表方法、过程,则:

清洁用机械:　机械　a　0142　　清洁　b　0142

机械的清洁:　机械　a　0163　　清洁　c　0163

这样,当检索"机械的清洁"的资料时,就只能取"机械 a"和"清洁 c"进行组配,因而只有 0163 号文献可被检出。

第三节　单元词法的性能

一　单元词法与标题法、组配分类法的比较

单元词法与标题法在表达概念的能力上不相上下。标题法的词组标题、带子标题的标题、带说明语的标题、带限定词的标题等所能表达的任何一个复杂的概念,单元词法一般都可用几个单元词的组配来表达。单元词标引与标题词标引一样,可以达到很高的专指度。但是,单元词法的后组式标识在含义的明确性方面,则不如标题法的先组式标识。

单元词组配的结果与词序无关。因此,单元词法没有像标题法那样在标引时必须选择标题形式和作头绪繁多的参照的复杂性,同时也不存在象标题法那样在检索时必须判断该主题在检索系统中是采用哪种标题形式的问题。在标题法中,检索者对一个主题所采用的正式标题形式(即文献著录的正确排列位置)判断错误,检索就要绕弯子。

单元词系统中的每个单元词都是排检词,都可集中资料,都可

作为检索的"入口",实现多途径检索,因此,就没有(更正确地说是:在很大程度上克服了)标题法中"集中与分散"的矛盾。但是,单元词所表达的,是一些比较简单的、基本的概念,单元词一般都是单词,很少是词组,在单元词之间较少从属关系,因而单元词法不显示,事实上也无法显示概念间的等级关系以及复杂概念间的相关关系。单元词法的族性检索只限于在都是用同一个(或几个)单元词标引的那些主题概念的范围内。因此,单元词法的族性检索功能一般虽比标题法好(因为每个单元词都可集中有关资料;标题系统中分散在各个标题的子标题下的资料则是无法集中的),而在某些情况下却又比标题法差(因为并不是所有的同族概念都能用同一个单元词标引,因此就无法对它们作全面检索;标题法却可以通过参照系统把这些同族概念的标题都找到)。而对于从学科出发的族性检索要求来说,则单元词法与标题法一样,都束手无策。

单元词标识是后组式的,可以自由地组合或组配,随需要增减单元词,就能达到任意扩大、缩小或改变检索范围的要求,标题法则缺乏这种灵活性。单元词组配的自由性,使单元词法反映概念"多向成族"的能力比较强。

一般来说,单元词法较适于专论性资料的检索,而要检索总论性资料则很困难。例如要检索总论汽车的资料,只能抽取"汽车"这一张单元词卡,但在这张单元词卡上登录的文献,可能绝大部分都是专论汽车的某一方面问题或专论某种类型汽车,因而大多是不需要的,但不可能把它们剔除掉,进行甄别则很不容易。这在标题法中只要去查不带子标题或说明语的"汽车"标题,其下所反映的资料就必然都是总论汽车的,都是需要的,不必加以甄别。

单元词法只适用于标识单元方式检索系统,标引深度大,但这种系统直接性和系统性很差。在系统中到底有哪些文献资料,是无从知道的。只有在进行某一课题的检索时,才能明确回答关于这个课题有哪些文献资料。标题法在这方面比单元词法好。

单元词法不够严密（多半是字面组配，虽然字面组配与概念组配在很多情况下是吻合的），检索"噪声"（假联系、组配"标题"含义不清、检出无关宏旨的文献等）比较大。标引所用单元词增加愈多，这种"噪声"也愈大。标题法则采用"直接地精确地表达文献主题"的原则，不会产生或较少产生这种检索"噪声"。单元词法用引进关联符号和职能符号的办法来解决这个问题，但又使标引和检索复杂化。特别是使用职能符号比较困难，虽能提高检准率，却又会影响检全率。

单元词表的体积可比标题表小3/4，但所能表达的概念却比标题表多。单元词法检索系统也比标题法检索系统体积小，而且编制工作量也少。单元词系统增加标引深度不会成倍地增加其体积和编制工作量，标题系统增加标引深度则会成倍地增加其体积和编制工作量。

单元词法与组配分类法都是运用组配原理的情报检索语言，单元词组配与分面类号组配所表现的许多优点极为相似。这两种语言都有标引能力比较高，能实现多途径检索，能自由扩大、缩小或改变检索范围等等优点。总的看来，单元词法可比组配分类法达到更高的标识专指度，但缺乏组配分类法特别是体系组配分类法的系统性，在族性检索上不如组配分类法。另外，组配分类法既可用于文献单元方式检索系统，也可用于标识单元方式检索系统，而单元词法却只能用于标识单元方式检索系统。

二　单元词法的某些问题

（一）标引深度问题

从单元词系统检索文献时，若检索用词太少，则往往专指度太低而会检出大量文献，要加以一一甄别是困难的。增加检索用词可提高检准率。但在检索用词多于标引用词的情况下，会造成漏

检。用更多的词进行标引,可以防止漏检。但是,也不应无限制地增加标引用词。据 Cranfield 一次标引试验的结果:

每篇文献标引用词数: 3　5　8　$12\frac{1}{2}$

检 全 率（%）为：65　73　81　83

从上列数字可以看出,当每篇文献标引用词从 3 个增至 8 个时,检全率有显著提高;而当标引用词从 8 个增至 $12\frac{1}{2}$ 个时,检全率却提高极少了。

由此可见,增加标引用词数对提高检全率的作用是有一定限度的,有一个理想平均数。只有在这个理想平均数之下,采用更多的词进行标引才有提高检全率的效果。超过这个理想平均数,即标引用词过多,则不仅对检全率的提高作用甚微,而且反而会使检准率下降。这是因为,一篇文献所能提供的情报量并不是无限的,标引用词过多,有些词所标引的就必然只是一些虽然涉及了某一主题,但对该主题的研究者情报价值不大的内容,检索该主题的文献时把这篇文献检出是毫无用处的。同时,随着标引用词的增加,单元词间假联系的机会也会随之增加,从而在检索时又会更多检出一些实际上并没有涉及检索课题的文献。这两种情况的出现都会增加检索者的负担。

所以,在单元词标引中,对标引用词数量应适当控制。但标引用词的理想平均数即标引深度的限度是多少,事实上并没有标准的数据,应依各类文献的情报密度和检索者对检全率和检准率的具体要求不同而定。

（二）概念或词的解析问题

单元词法是为改革标题法而出现的。它的改革的主要点就是将复杂概念或词组解析为单元概念或单元词,然后用它们进行组配标引和检索。但它要求将一个复杂概念或词组解析到相当简

144

单,在学科或专业领域内仍能表达专业概念,不失检索意义的基本单元为止的原则,在实践上存在不少问题。

例如,把"期刊目录"这一词组解析为"期刊"和"目录"两个单元词仍不失检索意义,无论用"期刊"这个单元词还是用"目录"这个单元词单独进行检索时,都不会出现偏差。因为"期刊目录"既是期刊的目录,又是一种目录类型。但是,如果把这两个单元词进行组配,就既可以表示"期刊的目录",也可以表示"期刊式目录",就会产生误检。使用职能符号固然可消除这种误检,但是,增加职能符号会增加标引工作量和检索工具体积,并增加标引和检索的复杂性(必须辨别单元词所属的职能范畴)。

又如,"蘑菇战术"和"合同战术"两词若解析为"蘑菇"、"合同"和"战术"三词,则"蘑菇"和"合同"两词在单独使用时会产生误检。但如果不作解析,则又不能进行各种"战术"的全面检索。

再如,"目录之目录"无疑是个词组,可是解析以后只有"目录"一个单元词了。如果用"目录"一词来标引"目录之目录"的文献,在检索时就必须在有关目录的大量文献中逐篇甄别。

此外,象"火箭推进剂"这样一个词如果解析为"火箭"和"推进剂"两个词,虽然不会产生误检,但由于推进剂仅在火箭上使用,结果,"推进剂"单元词卡上的号码完全与"火箭"单元词卡上的号码重复,将其拆开是不必要的。

这就是说,在以上这些情况下,使用词组比分解成单元词更好些。并且事实证明,在许多场合,采用词组不仅可消除误检,而且可提高标引和检索工作的效率,是完全必要的。

可是,如果采用词组,则建立参照系统也成为必要。例如,"蘑菇战术"一词以词组出现,则用"战术"这个单元词检索时就会漏检。同时,象"亚麻"、"剑麻"、"青麻"、"黄麻"等词是没有必要也难于分拆的,都应作单元词;但从检索的角度看,它们都是"麻"的一族。因此,将它们与"麻"这个词用参照联系起来是必要的。

但是,若采用词组和建立参照系统,则其结果便会使单元词法的基本原则遭到突破。这正是将在下一章阐述的叙词法出现的原因。目前,单元词法已进一步演变为叙词法,原来意义的单元词法已基本被淘汰了。

第六章 叙词描述语言

第一节 叙词法的原理

一 叙词法的构成原理

（一）叙词法是多种情报检索语言的原理和方法的综合

叙词（又称主题词）语言同标题词语言和单元词语言一样，是以自然语言词汇为基础的一种情报检索语言。

叙词法（也可称主题词法，但不宜泛称主题法）与单元词法有密切的关系。单元词法的可以自由组配的单词标识与标题法的预先组配好的词组标识相比，具有不少优异的性能。因此当它一出现，就有许多使用者。但是，在使用过程中发现，它的严密性不足，检索"噪声"比较严重。因此，有许多文献工作者致力于它的改进。对它不断改进的结果，就形成了叙词法。可以说，叙词法是对单元词法的扬弃。

叙词法吸取了多种情报检索语言的原理和方法，包括：

（1）它保留了单元词法单词组配的基本原理；

（2）采用了组配分类法的概念组配来代替单元词法的字面组配，以及适当采用标题法的预先组配方法（即采用词组），以克服某些词分拆后再组配时产生意义失真的缺点；

（3）采用了标题法对语词进行严格规范化的方法，以保证词与概念的一一对应。这是标题法的基本方法之一。单元词法对单元词的规范方法也取自标题法；

（4）采用并进一步完善了标题法的参照系统，采用了体系分类法的基本原理编制叙词分类索引（范畴索引）和等级索引（词族索引），采用了与关键词法类似的方法编制叙词轮排索引，从多方面显示叙词间的相互关系，以保证准确、全面地选用叙词进行标引和检索。

由此可见，叙词语言是多种情报检索语言的原理和方法的综合，它力图取各法之长而避各法之短，体现了情报检索语言的发展趋势。叙词语言按其基本性质，是一种采用表示单元概念的规范化语词的组配来对文献主题（更恰切地说是对文献的情报内容）进行描述的后组式词汇型标识系统。

（二）概念组配是叙词法的基本原理

在叙词法所采用的多种情报检索语言原理和方法中，概念组配是决定着它的特点的基本原理。

概念组配与字面组配在形式上有时相同，有时不同；而从性质上来说，则两者区别甚大。字面组配，其实质是词的分拆与组合（拆词）；概念组配，其实质是概念的分析与综合（拆义）。两者的检索效果有很大差异。例如：

字面组配	概念组配
脑＋肿瘤→脑肿瘤	脑＋肿瘤→脑肿瘤
河北＋梆子→河北梆子	河北地方剧＋梆子→河北梆子
香蕉＋苹果→香蕉苹果	香蕉＋苹果→？
	香蕉味食品＋苹果→香蕉苹果

在以上三例中，第一例"脑"和"肿瘤"两词的组配，无论是字面组配还是概念组配，其结果都是"脑肿瘤"。"脑肿瘤"既是"脑"的下位概念（一个方面问题），也是"肿瘤"的下位概念（种概

148

念）。所以，如果用单个词来检索的话，无论用"脑"还是用"肿瘤"，"脑肿瘤"的文献都是不会被漏检和误检的。用两个词组配检索，也不会产生误差。第二例"河北"和"梆子"两词的组配，情况也差不多。但如果单用"河北"一词检索，范围就太广泛，不如用"河北地方剧"一词更符合概念组配原理，也更切合实际的族性检索要求。至于第三例"香蕉"和"苹果"两词的组配则不然。根据字面组配原理，"香蕉"和"苹果"的组配是"香蕉苹果"；而根据概念组配原理，那两个词的组配结果应是指"一种香蕉和苹果的杂交品种"，而这样的品种是不存在的。也就是说，不符合概念逻辑。如果关于"香蕉苹果"的文献用这两个词来组配标引，则在用"香蕉"这个词单独进行检索时，就会产生误检，因为"香蕉苹果"并不是"香蕉"的一种；而如果用"香蕉"和"苹果"两个词组配，则又可能把兼论"香蕉"和"苹果"的文献检出，但该文献却没有论述"香蕉苹果"。所谓"香蕉苹果"，实际上是一种"有香蕉味的苹果"，按照概念组配的原理，这个概念应当用"香蕉味食品"（或"香蕉味水果"）和"苹果"两个词来组配表达，才符合概念逻辑。无论用那两个词分别检索还是组配检索，都不会产生误差。

字面组配与概念组配之所以发生差异，有时一致，有时不一致，是由于构词方法是多种多样的，有些构词方法与概念逻辑相吻合，而有些则不相吻合。许多词组是不能分拆或不能随便分拆的。如果简单地把它们拆开，往往有一方不能独立（不具备检索意义）或会失真。由此可见，严格遵守概念组配原则，是使叙词法具有优异性能和高度质量的主要保证。

（三）叙词的性质

叙词的性质可概述如下：

（1）概念性和描述性。概念是科学思维的结晶，科学的成果都表现为概念。叙词法根据对文献所含情报内容进行表达和描述的需要，选用能够有效地表达相应学科领域所应用的各种科学概念的基本名词术语,并且十分注意所选的语词在准确表达各种科学概念上的能力,因此具有很强的概念性。叙词法允许用多个叙词来比较具体地表达一个复杂的主题概念,因此也具有较好的描述性。

(2)组配性。叙词组配是叙词法的主要特征,其优异性能见"叙词组配的功能"一节。由于叙词法严格遵守概念组配原则,因此检索"噪声"大大降低。

(3)规范化。叙词法对叙词采用了全面的、严格的规范化措施,如对叙词可用的自然语言词类的限制,对叙词形式的规定,对同义词和准同义词的优选,对多义词和词义含糊的词的注释等,以达到一个叙词与一个概念严格对应的要求,保证叙词作为一种概念标识的高度质量。

(4)语义关联性。叙词法一方面采用比较严密的参照系统显示叙词之间以及叙词与非叙词之间的等同关系、等级关系和相关关系,把叙词置于与其它叙词和非叙词上下左右联系的语言环境中,以明确它的涵义和它们之间的相互关系;另一方面还采用分类索引、等级索引、轮排索引、图示法等,从更多方面来反映叙词的语义关联性。这些措施,有助于达到选择叙词的准确性和全面性,提高标引和检索质量。

(5)动态性。叙词表可随着事物的发展变化和人们对客观世界认识的步步深入,不断增删修订,定期更新版本,以保持其现代水平,因而对新事物、新科学的反映能力较强。

(6)直观性。叙词使用自然语言中的语词,标识比较直观,按字顺排列,序列比较明确,对使用者比较方便。

(7)词汇控制的特点。叙词法根据对叙词使用频率的统计,对叙词表进行调整。一方面删除(合并)使用频率过低(检索意义不大)的叙词,另一方面分化使用频率过高(因而也失去检索意义)的叙词,使现行叙词都有一定的使用价值,达到控制词汇数量,避免资料分散的目的。

（8）可"上机"的特点。由于叙词标识是组配的，比较灵活，在检索中可采用布尔代数表达检索课题和进行逻辑运算，因此将其应用于电子计算机检索系统，可比较充分地发挥电子计算机的功能。

二 叙词的范围及选词原则

（一）叙词表达事物概念的范围及揭示事物特征的程度

叙词所表达的概念，与标题词所表达的概念，范围大体相同，都是各个学科领域所应用的科学概念。利用这些概念，可以反映自然界、生产技术领域、社会政治、经济、文化领域以及人类思维活动领域的一切事物。不仅可以将这一切事物作为一个个对象来反映，而且还可以对这一切事物的各种特征和问题进行描述。一般地说，叙词揭示事物特征（或文献情报内容）的程度可比标题词更为具体。

叙词词汇由表达各学科基本概念的名词术语（普通叙词）和特定事物的专有名词（专有叙词）组成。

普通叙词是表示各种事物及其各种属性的名词。这些名词表达的常是普通概念。各门学科的基本术语大多属于这一类名词。包括：

（1）表示各种事物的名词术语。如宇宙、恒星、海洋、原子、氧、氧22、X 辐射、细菌、水稻、猪、合金、高强度合金、汽车、轴、集成电路、仪表元件、纺织机械、民用飞机、水工建筑物、学校、图书馆、轻工业、轻工业经济、阶级、政府、宗教、法律、商品、货币、教师、学生，等等。

（2）表示事物性质、性能、现象、状态、过程、作用等的名词术语。如：抗张强度、弹性、稳定性、导电性、耐蚀性、波动、振动、腐蚀、疲劳、老化、发光、蒸发、创伤、阶级斗争、经济危机、人口密度，等等。

（3）表示各种方法、措施、工艺等的名词术语。如：抽样调查、优选法、淬火、焊接、表面热处理、光谱分析、安装、保护、钻进、施肥、著录、标引、人口普查、生产管理、经济核算,等等。

（4）表示科学门类、技术部门、理论、学说、定理、定律、方程、假说以及哲学概念等的普通名词术语。如:哲学、物理学、有机化学、遥感技术、广义相对论,万有引力定律、微分方程、物质、精神（哲学）、理论、实践、运动（哲学）、矛盾、生产力、生产关系,等等。

（5）表示文献资料类型的名词术语。如:手册、年鉴、期刊、专利（说明）、标准（说明）、传记、书目索引、技术档案,等等。

（6）一般通用的名词术语。如:资源、组分、性能、重量、会议、管理、应用、发展、设计、产品、半成品、配件、材料、设备,等等。

（7）某些具有构词功能的词。如:台式、水上、小型、多用途、立体、永久、晚期、最大、快速,等等。

专有叙词是表示某一特定事物的专有名词。这些名词表达的都是单独概念。包括:

（1）地名（自然地理区划名称和政区名称）。如:亚洲、中国、北京、太平洋、黄河、天山、华北平原,等等。

（2）民族名和语言名。如:汉族、英语,等等。

（3）时代和年代。如:1979、二十世纪、明代（1368—1644）、乾隆（1736—1795）,等等。

（4）人名。如:马克思,K、孙中山、鲁迅、李时珍,等等。

（5）机构、会议、展览会等名称。如:联合国、北京大学、新华书店、欧洲经济共同体、莱比锡国际博览会、奥林匹克运动会,等等。

（6）产品命名、型号、绰号。如:熊猫牌收音机、B—52 飞机、CP－3M 堆、"雄猫"飞机,等等。

（7）历史事件。如:辛亥革命、第二次世界大战,等等。

（8）法规、条约、协定、计划、文件等名称。如:中华人民共和国宪法、上海公报（1972）、中日和平友好条约（1978）,等等。

（9）作品名（该作品成为研究对象时）。如:《资本论》、《红楼梦》、《史记》,等等。

(10)主义、学派、学说、定理等专有名称。如:马克思主义、边际效用学派、达尔文学说,等等。

(11)方针、政策等的专有名词。如:百花齐放、百家争鸣;发展经济、保障供给,等等。

(二)叙词选词的一般原则

叙词选词的一般原则如下:

(1)要根据为叙词表规定的专业范围。叙词表可分为专业性叙词表、多学科叙词表和综合性叙词表。一般地说,为专业性叙词表选词,应侧重于选用某一专业范围的名词术语,同时适当选用其它专业中与本专业有关的名词术语;为多科性叙词表和综合性叙词表选词,各专业名词术语的选用数量应大致平衡。

(2)要考虑被标引文献的数量及其增长速度。文献数量与叙词数量应成一定比例。需要标引的文献多而可用以标引的叙词少,势必会使大量文献聚集在一个叙词下,造成检索困难。反之,则会使少量文献分散在多个叙词下,同样造成检索困难。

(3)要考虑对检索的具体要求。如果检索课题比较笼统,一般只要选用表示事物名称的词作为叙词即可;而如果检索课题比较专深,则不仅要选用表示事物名称的词作为叙词,而且还要选用反映事物的各个方面、各个部分、各个特殊类型的词作为叙词。

(4)要注意充分发挥叙词组配的优异性能。这是指选用词组作叙词的问题。对词组不能无控制地选用。凡可以用基本名词术语的组配来代替词组的,尽量不选用词组作叙词。因为选用词组太多,叙词组配的优异性能(如多途径检索、自由扩检缩检等)就不能得到充分发挥了(参见本节三(一)(二))。

(5)要考虑被选词的使用频率和检索意义。一般地说,使用频率过高和过低的词,都不适合作为叙词。对使用频率过高、太泛指的词,可选用由该词与其它词结合而成的较专指的词组作叙词;

153

对使用频率过低、太专指的词，可合并到能够概括它的较泛指的叙词中去。但对于那些反映新事物、新学科的词，即使开始时可能在文献中出现频率不高，也应注意选取；而对于那些反映旧事物、旧学科的词，即使过去某一时期在文献中出现频率较高，也不必单独选取，而可合并到能概括它的叙词中去。未被选为叙词但仍可能为检索者使用的词，可作为非叙词保留。

（6）要有较完备而数量又尽可能少的基本词汇。基本词汇要相当完备，以便对绝大部分文献主题的标引不致发生困难。但它又要相当精炼。如果在其中近义词、专指词太多，就会造成标引分散。

（7）要注意选择词义明确，符合科学性、通用性要求的词作叙词。词义含糊的词和多义词应避免选用，以防给实际标引和检索带来混乱，造成检索误差。如必须选用时，应加注释或限定，以明确词义。对于在政治观点上容易混淆的词，更应注意这一点。

（8）要考虑叙词对检索系统的适应性。一般地说，用于机器检索系统和比号卡、比孔卡检索系统者应多选用属于基本词汇的词，用于手工检索系统者应多选用词组。

三　叙词的组配

（一）叙词组配的功能

叙词的组配，有概念相交、概念限定、概念概括和概念联结四种功能。

1. 概念相交，即同级词组配。所谓同级词，是指两个表达相同性质概念的叙词。例如，两个词所表达的概念都是产品，或都是材料，都是设备，都是工艺，都是植物，都是动物，都是学科，等等。在两个或两个以上具有概念交错关系的同级叙词之间进行的概念相交的逻辑推演，结果可形成一个新概念。这个新概念是原来用以组配的两个概念的种概念，原来两个概念对这个新概念来说则都是属概念。如"收音机"和"时钟"两个叙词的组配表示"时钟收音机"这个新概念,它既是"收音机"这个概念的种概念,也是"时钟"这个概念的种概念。

2. 概念限定,即方面词组配。这是在一个表示事物的叙词和另一个表示事物某一属性或某一方面问题的叙词之间进行的概念限定的逻辑推演,结果可形成一个新概念。这个新概念表示该事物的某一方面或某一特称。例如:

期刊 + 图书登记→期刊(的)登记

(期刊的一个方面问题)

期刊 + 情报学→情报学(的)期刊(期刊的一个特称)

事实上,由于叙词既可"后组",也可"轮排",所以方面词组配结果所形成的新概念,往往既是参加组配的一个叙词所表事物的一个"方面",同时又是参加组配的另一个叙词所表事物的一个"特称"。例如:"期刊 + 图书登记"既可以表示"期刊——登记",也可以表示"登记(工作),期刊的";"期刊 + 情报学"既可以表示"期刊,情报学的",也可以表示"情报学——有关期刊"。

方面词组配占叙词组配的大部分,适用范围甚广。包括:

(1)事物整体与部分——表示该事物的一个组成部分。例如:

电子计算机 + 存储器

中国图书馆学会 + 学术委员会

(2)产品与材料——表示制造该产品所用的材料或某种材料制品。例如:

显像管 + 显示材料

防护器材 + 玻璃钢

(3)产品与工艺——表示制造该产品所用的工艺。例如:

刀具＋热处理

（4）材料与工艺——表示加工该材料所用的方法。例如：

不锈钢＋切削

（5）产品与设备，或工艺与设备，或研究对象与设备——表示制造该产品所用的设备，或某种工艺所用的设备，或某种研究设备。例如：

铜＋冶金炉
激光焊＋焊机
风＋气象仪器

（6）事物与研究方法——表示研究该事物所用的方法。例如：

飞机＋风洞试验
铜镍锌合金＋化学分析

（7）事物与事物性质——表示该事物的某种性质。例如：

钙钒石榴石＋磁性
铜＋导电性

（8）事物与事物现象、状态、过程等——表示该事物所具有的现象、状态、发展过程及其原因、结果等。例如：

种子＋休眠
植物＋杂种优势

（9）事物与学科门类——表示该事物在某一学科方面的问题，或研究该事物的某种学科。例如：

旋翼＋空气动力学
脊椎动物＋动物学

（10）事物与文献类型，或学科与文献类型以及文种——表示关于该事物或该学科的某种类型、文种的文献。例如：

> 图书馆学 + 辞典 + 俄文
> 半导体器件 + 手册

（11）事物与地区、时代、机构、人物等专有名词——表示该事物的特定地区范围、时间范围、有关机构、人物等。例如：

> 排球运动 + 中国
> 电子计算机 + 1970～1979
> 燃料电池 + 武汉大学
> 相对论 + 爱因斯坦,A.(1879—1955)

（12）事物与一般限定词——表示具有某种特点的事物。例如：

> 机械手 + 大型
> 录音机 + 微型

3.概念概括，即同级词相加或并列。组配结果可形成一个新概念，它是原来用以组配的两个或两个以上概念的属概念。例如：

> 文学理论 + 美学理论 ------➤文艺理论
> 中学 + 小学 -----➤中小学
> 广播 + 电视 + 文化事业 -----➤广播电视事业

概念概括是叙词组配的一种特殊情况。这种组配用于表达已紧密地结合在一起当作一个泛指概念使用的并列概念，而这些并列概念在词表中又没有可以恰好概括它们的上位词。这在体系分类法中可以直接用作类名或用类组的形式来表达；在《国际十进分类法》中还可以使用并列符号" + "和扩充符号"/"来表达。在叙词法中，实际上等于是用两个或三个词分别标引，在检索时则用两个或三个词联合检索。而从概念逻辑上看，则是一种概念概括而与叙词组配的其它三种情况不同。

4. 概念联结。这种组配表示两个概念之间的联系，并不形成新概念。例如：

图书馆学＋情报学－－－－－➤图书馆学与情报学的关系

组配表达一个主题概念所用的叙词数量不限。例如：

木本植物＋水生植物＋植物生态学→水生木本植物生态学

└── 同级词组配 ──┘

└── 方面词组配 ──┘

叙词组配的作用是：

（1）可以控制词汇量。假定有 1000 个叙词，每选两个进行组配，在理论上可得到 499500 个组配标识，虽然其中只有一小部分（比如说 2%）有用，能表达的概念数量还是很大。可见，采用组配可大大缩小词表的体积。

（2）可以对同一项情报进行多途径检索。如"阅读复印机"这个概念用"阅读机"和"复印机"两个叙词组配标引，则可提供三条检索途径。即：①"阅读机"；②"复印机"；③"阅读机＋复印机－－－－－➤阅读复印机"。

（3）可以自由扩大、缩小或改变检索范围。在标引时，可以用许多个叙词来标识一篇文献，达到很高的专指度和标引深度；在检索时，却可根据检索中出现的具体情况，随时增减或更换作为检索标识的叙词，以扩大、缩小或改变检索范围，直到满足检索要求为止。

（4）可以比较及时地反映新事物、新科学。因为有不少新概念是可以用基本词汇来组配表达的。如"数量经济学"这门新学科在没有增加专指性叙词之前，可用"经济学"和"数学"这两个泛指性叙词的组配来准确表达。

由此可见，叙词组配具有很多优异的功能。

158

（二）叙词组配与叙词表选词的关系

上面已经指出，叙词法采用概念组配有很大的优越性，所以应当尽可能采用组配。但是，无限制地采用组配，也会造成混乱，增加误检。因此，对某些复合概念直接选用专指性的词组作叙词（即概念预先组配）。选用专指性的词组可使主题的标识定型，避免错误组配带来的混乱，减少误检。叙词专指性越强，误检率越低。但过多采用词组，不但会使叙词数量庞大，降低检索系统的效率，而且更会使叙词组配的其它优越性受到损失。这是矛盾的。如何处理好这一矛盾，对发挥叙词法的优越性关系很大。

组配与选词是密切关联的。一般地说，组配是由选词决定的。当一个概念用组配能够较准确地表达，并且可以增加检索途径和不影响检索速度时，就不应采用专指性的词组。如果不符合这些要求，就应采用专指性词组。关于是否选用词组问题，更具体地说，有以下几点：

（1）凡可以采用同级词组配来表达一个比较专指概念的，一般不应再选用词组作叙词。如：

阅读机 ⎫
复印机 ⎬ 阅读复印机

但在本专业文献中出现频率较高，经常用以检索的或是重要的词组，虽专指性较高，仍可直接选取。如"收扩两用机"、"收录两用机"、"收音电唱两用机"等。

（2）凡可以采用方面词组配来表达一个比较专指概念的，一般不应再选词组作叙词。如：

齿　　轮 ⎫
球墨铸铁 ⎬ 球墨铸铁齿轮

但在本专业文献中出现频率较高，经常用以检索的或是重要的词组，虽专指性较高，也可直接选取。如"航空发动机"、"齿轮加工机床"等。

（3）凡难以用若干词的简单组配来代替的词组，或组配标引后在检索时概念上可能出现含义失真的，应直接选用该词组。如"亲属语言"这一词组不能分解为"亲属"和"语言"两词，因为"亲属"一词单独使用只能表示"有较近的血统关系或有婚姻关系的人"这个概念。又如"北京图书馆"这一词组不能分解为"北京"和"图书馆"两词，因为这两词的组配也可泛指北京地区的一切图书馆，与原有含义不同。再如"期刊目录"这一词组不能分解为"期刊"和"目录"两词，因为这两词的组配既可指"期刊目录"，也可指"目录期刊"（即期刊式检索工具）。

（4）凡虽可用两个词的组配来代替的词组，但如果在这两个词中有一个不具有独立检索意义时，仍应直接选用该词组，而不能采用组配。如"比例税"这一词组虽可用"比例"和"税"两词组配，但"比例"一词没有独立检索意义。

（5）当一个概念有了相当的专指性词组作叙词时，即不得再使用组配。

（三）叙词组配与文献标引的关系

叙词组配正确与否对文献标引质量有很大影响，如组配不当，会造成误差。由于组配标引错误而造成的误差大体有以下几种情况：

（1）用字面组配代替概念组配。如用组配来标引一篇题为"试论图书情报名词标准化"的文章；

不正确：图书＋情报＋名词＋标准化

正　确：图书馆学＋情报学＋术语＋标准化

（2）不合理的组配。即组配后概念上不明确，逻辑上不合理，内容上不科学。总之，不符合一般思维规律。如用组配来标引一篇讨论"标准资料著录法"的文章：

不正确：标准＋著录法

正　　确:标准(说明) + 著录法

(3)以粗代细或以细代粗。即以泛指词代专指词,或以专指词代泛指词。如用组配来标引明代罗贯中著《三国演义》这部小说(词表中有"小说"、"历史小说"、"讲史小说"三个叙词):

以粗代细的错误:小说 + 中国文学 + 明代

以细代粗的错误:讲史小说 + 中国文学 + 明代

正　　确:历史小说 + 中国文学 + 明代

(4)当一个概念没有专指性叙词,可用泛指词组配标引又可用上位概念词标引时,未优先用组配。如一篇讨论"拉齿"的文章,叙词表中找不到专指词,应当用"齿轮加工"和"拉削"组配,而不应当只用一个上位概念词"齿轮加工"(或"拉削")标引。否则,在检索时用组配标识就检索不到,甚至用其中某一个上位概念的标识也不一定能检索出来。

(5)当一个概念已有专指性叙词时,仍用泛指词组配标引。例如,用"教育学 + 心理学"两词组配标引,而检索者按照规则,用词表中已有的"教育心理学"一词检索就会检索不到。

(6)一篇文献有两个(或更多个)主题,每个主题都用组配标引,标引时未作分别处理(未加关联符号),检索时产生假联系。如有一篇同时讨论了"钢的抗拉强度"和"铝的硬度"两个主题的文章,用四个叙词组配标引,不加关联符号就可能产生假联系:

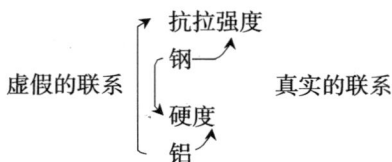

(7)当一个概念可用多种组配方案标引时,未选用最恰切的组配方案。一个概念如果只有一种组配方案,资料不会分散,检索

时可全部检出;一个概念如果有多种组配方案,资料就可能被分散,检索时就不可能全部检出。例如用组配来标引一篇关于"儿童图书馆设备"的文章,在叙词表中可以查到"儿童"、"图书馆"、"设备"、"儿童图书馆"、"图书馆设备"五个叙词,因此就可能有下列四种组配方案

儿童 + 图书馆 + 设备

儿童图书馆 + 设备

儿童 + 图书馆设备

儿童图书馆 + 图书馆设备

以上四种组配方案都可满足"儿童图书馆设备"的标引要求,但第四种方案最恰切(因为"儿童图书馆"和"图书馆设备"两个叙词在词表范围内是专指度最高的)。如果任意组配,就会导致资料分散。

(8)一种组配标识可表示多个概念,导致混乱。如用组配来标引一篇关于"在铅上的铜镀层"的文章,假如在叙词表中只有"铜"、"铅"、"涂层"三个叙词,那末这三个叙词的组配就可能有三种涵义:

铜在铅上的涂层

铅在铜上的涂层

铜涂层和铅涂层

这种误差的产生,与叙词表选词有关。

(9)组配时未用必要的过渡词作补充。例如,在标引一篇关于"曲轴铸造"的文章时加"制造"一词(曲轴 + 制造 + 铸造),则在用"曲轴 + 制造"两词进行检索时,既可避免漏检上述文章,又可排除那些虽然有关曲轴但不是关于曲轴制造的文章。如果不加"制造"一词,则不可能很方便地把关于曲轴制造的全部文章都检出来,而又把关于曲轴其它问题的文章排除出去。

（10）专有名词用普通叙词组配表示。例如,对"北京图书馆"用"北京＋图书馆"两词组配标引,则那两个词也可理解为"总论北京地区各类型图书馆"的资料。

由此可见,叙词组配标引须遵守一定规则,否则达不到理想的检索效果。

四 叙词的规范

（一）叙词采用自然语言词类的限制

叙词法在采用自然语言的语词作叙词时,同标题法一样,对词类有所限制。

在各种自然语言中,可作叙词的词类基本相同。

汉语叙词可采用的词类,主要是能够表达文献主题概念的名词和名词性词组。使用极少量形容词（如"小型"、"横向"、"多用途"等）。数词不列入词表,当标引需要时可按规则使用。

（1）名词。可分为单纯词和合成词。

单纯词是只包含一个词素的词。又可分为:

①　单音词。例如:山、梨、牛、雨、力、北;

②　双音词。例如:雷达、枇杷、蜈蚣、拉萨;

③　多音词。例如:罗马尼亚、乌鲁木齐。

合成词是包含两个或两个以上词素的词。又可分为:

①　联合式合成词。例如:语言、戏剧、标准、燃烧、度量衡;

②　偏正式合成词。例如:铁路、飞机、语法、工业、图书馆;

③　谓宾式合成词。例如:镀镍、造渣、化石、结核;

④　主谓式合成词。例如:地震、海啸、电流;

⑤　补充式合成词。例如:跳远、出口、焊接、抛光、声明;

⑥　附加式合成词。例如:电子、画家、温度、酸性。

（2）名词性词组。

名词性词组在这里是指由两个或两个以上的词所组成的语言

163

单位,相当于一个名词。它与合成词的差别在于:一个词组可以分拆成两个词,并且其中至少有一个是合成词;而合成词则是不可再分拆的语言单位(虽然它含有不至一个词素)。名词性词组按其结构可分为:

① 联合式词组。例如:规章制度、心得体会;

② 偏正式词组。例如:化学工业、神经化学、惠山泥人、北京玉雕;

③ 主谓式词组。例如:天电干扰、电波传播、电波损耗;

④ 复杂词组。即在其中又包含其它词组的词组。例如:国民经济计划指标体系、苏格兰文艺复兴运动;

⑤ 固定词组。例如:百花齐放、百家争鸣;人民日报。

(二)叙词形式的规定

叙词系统均按字顺排列。叙词形式的不同,会导致排列位置的分歧。特别是在电子计算机检索系统中,叙词是以数据形式出现的,任何微小的差异(如一个字乃至一个字母、一个符号的不同),都会造成检索上的困难。因此,对叙词形式作严格的规定是必要的。

下面列举的叙词形式规范化问题,有的只出现于汉语叙词系统,有的只出现于外语叙词系统,而有的则与汉语叙词系统和外语叙词系统都有关系。

(1)汉字不同形体的优选。一个汉字有几种形体的(如简体、繁体、异体),以现在通行的为标准,不使用已废止的繁体字和异体字。

(2)汉语词不同写法的优选。一个汉语词有几种写法的,选择用得较广的(或根据某种权威性的词典来确定)一种写法作叙词,其它写法作非叙词。例如:

　　　　渔具(叙词)　　　　鱼具(非叙词)

164

（3）外语词不同拼写形式的优选。一个外语词有几种拼写形式的，选择比较通行的（或根据某种权威性的词典来确定）一种拼写形式作叙词，其它拼写形式作非叙词。例如：

CATALOGUE（叙词）　　　CATALOG（非叙词）
　　目录（英）　　　　　　　目录（美）
BOOKCASE（叙词）　　　BOOK CASE（非叙词）
书架　　　　　　　　　　书架

（4）叙词词序的规定。无论是汉语叙词系统，还是外语叙词系统，均采用自然词序，不采用倒置词序。例如：

初等数学（采用）　　　数学，初等（不采用）

倒置词序形式在个别必要的情况下可作非叙词保留，引见自然词序形式。

（5）外语名词数的形态的规定。在外语叙词系统中，名词采用单数形态或复数形态，要依叙词表所用语种的习惯用法而定。

就英语叙词来说，名词一般采用复数形态，表达事物集合（如一类、一族）的词尤其如此。单数形态只用于表示材料（非类称）、性质（属性）、加工过程、专有名词以及学科领域等。例如：

CHEMICAL　COMPOUNDS（化合物）
CHEMICAL　LASERS　　（化学激光器）
STARS　　　　　　　　（星）
OPACITY　　　　　　　（不透明性）
CURING　　　　　　　（治疗）
CHEMISTRY　　　　　　（化学）

如果一个名词的单数形态和复数形态表示不同的概念，则两者都要列入词表内。例如：

WOOD　　　（木、木材）
WOODS　　　（森林）

（6）外文人名、地名及含有人名、地名的名词术语、机构名称、产品名称等译成汉文时形式的规定。当这类外文名词、术语和名称用作叙词而译成汉文时，人名、地名部分应同名同译。但对沿用已久、影响较大的惯译名可适当保留，作为叙词。这种保留惯译人名、地名的叙词，在必要时应与标准译法作参照（从标准译法引至惯译名）。

（7）外文字母、数字和符号用法的规定。在汉语叙词系统中，有必要时可使用外文字母。例如：

　　COBOL 语言
　　β 射线

在外语叙词系统中，当一外语词与其公认的翻译词通用时，可将两者同时列入词表，选择其中一个作叙词，其它作非叙词。例如：

　　BRAKING　RADIATION　　轫致辐射（英）（叙词）
　　BREMSSTRAHLUNG　　　轫致辐射（德）（非叙词）

数字在汉语叙词系统中视具体情况而定，在外语叙词系统中一般采用阿拉伯数字。例如：

　　三极管
　　铀 235
　　2,4—滴
　　Element 105　　（105 号元素）

特殊符号的使用要受到严格限制，最好只在各种注释中使用。

（8）标点符号用法的规定。叙词系统一般只用括号和连字符。在外语叙词系统中，叙词因受长度限制而被截去一段时，可标以句点，以资识别。其它标点符号除特殊情况外都不用。

（9）外文字母注音符号用法的规定。供电子计算机检索系统使用的外语叙词表，因数据处理设备条件的限制，一般禁用注音符号。若设备能完全满足要求,则不加限制。

仅供手工检索系统使用的叙词表可以使用注音符号。

(10)外文字母大小写用法的规定。在电子计算机检索系统中,因数据处理设备条件的限制,一般只用大写字母。若设备能完全满足要求,则可不加限制。

仅供手工检索系统使用的叙词表,大写字母和小写字母都可使用。

(11)词的长度的规定。在电子计算机检索系统中,因数据处理设备条件所限,叙词的长度要有一定限制。例如《汉语主题词表》规定不超过 14 个汉字。太长的叙词,可用简称、缩写等方法使其缩到限定长度以内。但若设备能完全满足要求,则可不加限制。在仅供手工检索系统使用的叙词表中,叙词的长度可以不限。

(三)同义词和准同义词的优选

(1)同义词的优选。同义词是词音或词形不同而意义相同或几乎相同,都是表达同一事物概念的词,它们之间是概念同一关系。为了达到叙词与概念一一对应的要求,必须选择其一作叙词,其它作非叙词。

同义词从广义上讲,除一般同义词外,尚有学名与俗称、新称与旧称、全称与简称、同一产品的正式命名与绰号和型号、不同译名等情况。这些都应选择其一作叙词,其它作非叙词。

一般同义词应选择比较通用的一个作叙词。例如:

故事影片(叙词)　　　艺术片(非叙词)
交际舞(叙词)　　　　交谊舞(非叙词)

(2)学名和俗称的优选。一般采用学名作叙词。例如:

马铃薯(叙词)　　　　土豆(非叙词)
大豆(叙词)　　　　　黄豆(非叙词)

(3)新称和旧称的优选。一般采用新称作叙词。例如:

索引（叙词）　　　通检（非叙词）

硅（叙词）　　　　矽（非叙词）

（4）全称和简称的优选。选择正确、通用的一个作叙词。当两者发生矛盾时，优选考虑正确性。例如：

中学（叙词）　　　　　　中等学校（非叙词）

战备（叙词）　　　　　　战争准备（非叙词）

军队后方勤务（叙词）　　后勤（非叙词）

东南亚国家联盟（叙词）　东盟（非叙词）

（5）同一产品的正式命名、绰号和型号的优选。一般采用型号加通称作叙词。例如：

F-14飞机（叙词）　　　"雄猫"飞机（非叙词）

（6）不同译名的优选。一般采用意译名称，译得较准确的一个作叙词；如果音译名称已通用的，也可采用。例如：

激光器（叙词）　　　莱塞（非叙词）

布尔代数（叙词）　　逻辑代数（非叙词）

（7）近义词的优选。近义词是意义不同但很相近，其中有相当大的一部分从检索角度看没有必要区别，可以作为同义词处理。一般可选择比较概括、通用的一个作叙词。例如：

半工半读（叙词）　　半农半读（非叙词）

经济扩张（叙词）　　经济渗透（非叙词）

　　　　　　　　　　经济侵略（非叙词）

　　　　　　　　　　经济奴役（非叙词）

（8）某些反义词和否定词的优选。某些反义词和否定词所表达的概念虽然处于反对关系中，互相排斥，互相否定，但实际上却是从不同角度说明同一问题，因此又互相依存。将其作为同义词处理，可避免资料分散。这种情况，一般采用正面词、肯定词作叙词。例如：

稳定性（叙词）　　　　　不稳定性（非叙词）

腐蚀试验（叙词）　　　　耐腐蚀试验（非叙词）

（四）多义词和词义含糊的词等的注释

（1）多义词及可在不同方面使用的词的所属范围限定。

多义词可以分为一词多义和同形异义两种情况。

一词多义，这是真正的多义词。其特点是它所具有的多种意义有相关性（本义与通过引申本义或用本义作比喻而形成的转义之间的关系）。例如，"苹果"一词既可指一种果树，也可指一种水果；"渔鼓"一词既可指一种曲艺形式（道情），也可指一种乐器（道筒）；"大本营"一词既可指军队的统帅部，也可指登山队的营地；"防御"一词既可指军事上的防御，也可指运动竞赛上的防守。

同形异义，这不是真正的多义词。其特点是它所具有的多种意义各不相关。例如，"词"一词既可指最小语言单位，也可指一种文学体裁；"南昌教案"一词既可指1862年的教案，也可指1906年的教案。

多义词无论是一词多义，还是同形异义，它们都是同一个词（从词形上看），却具有多种含义，表达多个概念。如果不加处理，便会造成检索的困难，产生误检。其实，多义词既是多义的，又是单义的。一个多义词，孤立地看，它是多义的，在特定的范围内，它则是单义的。所以，为了使之符合"叙词与概念一一对应"的要求，凡一个多义词所含的不同意义能够用同义的其它词表达时，尽量采用同义的其它词作叙词，使之有所区别。例如，指军事上的防御仍用"防御"一词表达，指运动竞赛的防御改用"防守（运动竞赛）"一词表达；指军队的大本营改用"统帅部"一词表达，指登山队的大本营改用"登山营地"一词表达。当不可能或不宜采用同义的其它词作叙词来区别时，则应对其作所属范围的限定，即加限义词。加限义词有两种办法：一种是只对转义一方加以限定而使之区别，另一种是对多种含义都加以限定而使之区别。例如：

行军

行军（登山运动）

词（语言学）

词（文学）

渔鼓（曲艺）

渔鼓（乐器）

南昌教案（1862）

南昌教案（1906）

多义词与括号内的限义词构成一个不可分拆的复合叙词。

此外，有一些词，它们在不同范围使用时所表达的概念基本相同，但是，为了在单独使用时减少误检，也应与多义词同样处理。例如：

运动（物理）

运动（力学）

运动（生理）

抗癌药

抗癌药（中药）

（2）词义含糊的词的定义或范围注释。

有些词的词义含糊，所表达概念的外延不甚明确，造成标引和检索的困难，因此必须加定义或范围注释，以排除具有另外的涵义或用法的可能性。例如：

共产国际纲领

注：共产国际六大通过。

共产国际行动纲领

注：共产国际一大通过。

大城市

注：50～100 万人的城市。

特大城市

注：100 万人以上的城市。

对于词义含糊的词,也可用加限定词的办法来明确其含义。例如:

两城(考古地名)

情况判断(军事)

定义和范围注释与限定词的区别在于:定义和范围注释不作为叙词标识的一个组成部分,在标引时不标出;而限定词则作为叙词标识的一个组成部分,在标引时要标出。

(3)一叙词或一定义的来源注释。

有关一叙词或一定义的来源材料,对于进一步发展叙词表可能有参考价值。因此在收集叙词时可以把来源出处一并记下,作为注释,但不必编排在叙词表的正文中。

(五)太专指的词的合并

对于一些很专指的词,如果使用频率很低,则应合并到较泛指的词中去,以压缩叙词数量,避免由于资料标引过于分散而增加漏检的可能性。被合并的太专指的词,必要时可作为非叙词,保留在叙词表中。例如:

矿业城镇(非叙词)→工业城市(叙词)

象形(非叙词) →六书(叙词)

指事(非叙词) →六书(叙词)

会意(非叙词) →六书(叙词)

形声(非叙词) →六书(叙词)

转注(非叙词) →六书(叙词)

假借(非叙词) →六书(叙词)

(六)叙词与非叙词的区别

叙词的规范,在很多情况下是对词进行优选,被选的词便作为叙词,用于文献情报的标引和检索。另一些词虽未被选为叙词,但仍可作为概念词列入词表,与叙词建立参照关系,以便把标引人员和检索人员引向替代它们的叙词。这些概念词称为非叙词。非叙词不能用于文献情报的标引和检索。

叙词表中对叙词与非叙词在形式上应加以区别,例如加标记符号,或用不同字体排印,以防止错用。

五 叙词相互关系的显示

显示概念之间的相互关系,是使知识和情报系统化的重要手段。各种情报检索语言,都必须采用一定的方法来解决这个问题。叙词法对这个问题的解决,采用了很多方法,如设立严密的参照系统,编制分类索引、等级索引、轮排索引、词族图等。本小节只讲参照系统。

在叙词表的主表中,叙词一般都按字顺排列。因此,在概念上有联系的叙词,绝大部分是被分散在各处的。即使是排在一起的一些有联系的叙词,其关系也不一定都很明确。参照系统的作用,是把叙词之间的内在联系揭示出来,使叙词字顺表成为一个有机的结构。参照系统所显示的叙词之间的关系有等同关系、等级关系和相关关系,范围与标题法参照系统大体相同,具体如下:

(一)等同关系

等同关系,是叙词与非叙词之间的优选关系,包括同义关系、准同义关系、组代关系和语际等价关系。具有这类关系的词,彼此在概念上是等同的或可以视为等同的。为了保证使叙词与概念一一对应,必须选择其中之一作为叙词,而其余的词则为非叙词。叙词是在词表中具有"法定"地位的、允许用于标引和检索的词,但那些可能被标引人员和检索人员作为查检出发点的非叙词也必须保留在词表中,用以引见它们的"代表"——叙词。等同关系是用"用"和"代"两个参照符号来显示的。"用"用于从非叙词(未被选用的词)指向叙词(被选用的词);"代"则用于从叙词处指明它所代替的那些非叙词。

1.同义关系。是指以下八种关系:

（1）同义词之间的关系。如：

　　义务教育　用　普及教育

（2）俗称与学名之间的关系。如：

　　西红柿　用　蕃茄

（3）旧称与新称之间的关系。如：

　　钶　用　铌

（4）简称与全称之间的关系。如：

　　沪　用　上海

　　德国社会民主党爱尔福特纲领　用　爱尔福特纲领

（5）同一产品的命名、绰号与型号之间的关系。如：

　　"雄猫"飞机　用　F－14飞机

（6）不同译名之间的关系。如：

　　莱塞　用　激光器

　　逻辑代数　用　布尔代数

（7）不同拼写形式之间的关系。如：

　　鱼具　用　渔具

　　CATALOG 用 CATALOGUE

（8）倒置词序与自然词序的词组之间的关系。如：

　　数学,初等　用　初等数学

　　光学塑料　用　塑料,光学

　　叙词法一般都是采用自然词序的形式,在词表中不一定要设立从倒置词序引向自然词序的参照。在特殊情况下（如在文献单元方式的手工检索工具中必要时）,若采用倒置词序的形式,则必须作从自然词序引向倒置词序的参照。

2. 准同义关系。是指以下三种关系：

（1）近义词之间的关系。如：

> 经济渗透　用　经济扩张
> 经济侵略　用　经济扩张
> 经济奴役　用　经济扩张
> 国际关系理论　用　国际关系

（2）某些反义词之间及某些否定词之间的关系。如：

> 不稳定性　用　稳定性
> 漏检率　用　查全率

（3）某些专指词与泛指词之间的关系。如：

> 孤本　用　善本
> 寒假　用　假期（学校）

3. 组代关系。是指一个专指性非叙词与两个组配起来代替它的泛指性叙词之间的关系。如：

> 经济地理位置　用　经济＋地理位置
> 阅读复印机　用　阅读机＋复印机
> 雷达操纵台　用　控制板＋雷达设备

4. 语际等价关系。是指英语词与汉语词，或德语词与英语词等等之间的等价关系。如：

> 金属－氧化物－半导体存储器　用　MOS 存储器
> BREMSSTRAHLUNG（轫致辐射，德语）
> 　　用　BRAKING RADIATION（轫致辐射，英语）

在汉语叙词表中，外语与汉语的等价关系一般都编成专门索引（如《汉语主题词表》中的"英汉对照索引"，《国防科学技术主题词典》中的"汉英对照表"），同时还在叙词表主表中显示。

具有以上各种等同关系的叙词与非叙词之间，除作"非叙词

用 叙词"的参照外,还必须作"叙词 代 非叙词"的反参
照。如:

　　普及教育 代 义务教育
　　蕃茄 代 西红柿
　　铌 代 钶
　　上海 代 沪
　　F－14飞机 代 "雄猫"飞机
　　布尔代数 代 逻辑代数
　　经济扩张 代 经济渗透
　　　　　　 经济侵略
　　　　　　 经济奴役
　　查全率 代 漏检率
　　善本 代 孤本
　　MOS 存储器 代 金属－氧化物－半导体存储器

　　具有组代关系的叙词与非叙词之间作反参照时,其参照符号
为"组代"。如:

　　控制板 组代 雷达操纵台
　　雷达设备 组代 雷达操纵台

　　在不同拼写形式之间,以及在自然词序与倒置词序之间,不作
反参照。

　　(二)等级关系

　　等级关系,是专指度深浅不同的两个叙词之间的关系,包括属种
关系、整体与部分关系和包含关系。具有这类关系的叙词,彼此处于
上位概念地位与下位概念地位,相当于体系分类法中的上位类与下位
类。所以,等级关系又称属分关系。等级关系是用"属"和"分"两个
参照符号来显示的。"属"用于从下级叙词指向上级叙词,"分"则用
于从上级叙词指向下级叙词。"属"与"分"互为反参照。

　　1.属种关系。是指以下三种关系:

（1）普遍概念与特殊概念（即广义词与狭义词）之间的关系。如：

图书馆　　　　　　　　儿童图书馆
　分　儿童图书馆　　　属　图书馆
　　　公共图书馆　　　公共图书馆
　　　国家图书馆　　　属　图书馆
　　　学校图书馆　　　国家图书馆
　　　专业图书馆　　　属　图书馆
　　　　　　　　　　…………

（2）生物属种之间的关系。如：

蔷薇属　　　　　金樱子
　分　金樱子　　　属　蔷薇属
　　　玫瑰花　　　玫瑰花
　　　　　　　　　属　蔷薇属

（3）产品类型之间的关系。如：

天然铀堆　　　　　　阿冬卡堆
　分　阿冬卡堆　　　属　天然铀堆
　　　凯撒堆　　　　凯撒堆
　　　皮克林－1堆　　属　天然铀堆
　　　气冷型堆　　　皮克林－1堆
　　　　　　　　　　属　天然铀堆
　　　　　　　　　　气冷型堆
　　　　　　　　　　属　天然铀堆

2. 整体与部分关系。是指以下四种关系：（1）地理及行政区划之间的关系。如：

新疆　　　　　　　柴达木
　分　柴达木　　　属　新疆
　　　哈密地区　　哈密地区

176

南疆　　　　　　　属　新疆

乌鲁木齐　　　南疆

　　　　　　　　属　新疆

　　　　　　　乌鲁木齐

　　　　　　　　属　新疆

（2）人体系统与器官之间的关系。如：

消化系统　　　　　　胆道

　分　胆道　　　　　　属　消化系统

　　　口腔　　　　　　口腔

　　　食管　　　　　　属　消化系统

　　　胃肠系统　　　　…………

在生物专业词表中,也可显示生物体系统与器官之间的关系。

（3）物质、产品、建筑物等的整体与组成部分之间的关系。如：

导弹　　　　　　　　导弹部件

　分　导弹部件　　　　属　导弹

导弹部件　　　　　　弹体

　分　弹体　　　　　　属　导弹部件

　　　导弹窗　　　　　导弹窗

　　　导弹弹头　　　　属　导弹部件

　　　导弹电池　　　　导弹弹头

　　　导弹计算机　　　属　导弹部件

　　　导弹天线　　　　导弹电池

　　　导弹引导装置　　属　导弹部件

　　　导弹引信　　　　…………

　　　导弹自毁装置　　…………

　　　头锥

这种整体与其组成部分之间的关系一般不作显示。若要显示,可用两种办法:一种办法是选用过渡词(如上例中的"导弹部件");另一种办法是直接显示其等级关系,但要用"整"、"部"参照符号,而不用"属"、"分"参照符号。同时,这种整体与其组成部分之间的关系,只需在最泛指的那个叙词下显示即可。

(4)组织机构与其分支部门之间的关系。如:

联合国　　　　　　　　　国际法院
　分　国际法院　　　　　　　属　联合国
　　　联合国安全理事会　　联合国安全理事会
　　　联合国大会　　　　　　属　联合国
　　　联合国秘书处　　　　联合国大会
　　　　　　　　　　　　　　属　联合国
　　　　　　　　　　　　联合国秘书处
　　　　　　　　　　　　　　属　联合国

3. 包含关系。是指以下两种关系:

(1)集合概念与其所含的单独概念之间的关系。如:

节日　　　　　　　　　　　春节
　分　春节　　　　　　　　　属　节日
　　　国际电影节　　　　　国际电影节
　　　"六一"国际儿童节　　属　节日
　　　"五一"国际劳动节　　"六一"国际儿童节
　　　　　　　　　　　　　　属　节日
　　　　　　　　　　　　"五一"国际劳动节
　　　　　　　　　　　　　　属　节日

(2)学科与其分支之间的关系。如:

生物学　　　　　　　　　　动物学
　分　动物学　　　　　　　　属　生物学
　　　分子生物学　　　　　分子生物学
　　　航天生物学　　　　　　属　生物学
　　　微生物学　　　　　　航天生物学

178

细胞学	属　生物学
遗传学	…………
植物学	…………

在等级关系中,一个下位概念可同时隶属两个或两个以上的上位概念(多向成族)。如:

历史唯物主义	马克思主义哲学
属　马克思主义哲学	分　历史唯物主义
唯物主义	唯物主义
	分　历史唯物主义
历史经济地理	历史地理
属　历史地理	分　历史经济地理
经济地理	经济地理
	分　历史经济地理

在等级关系的三种类型之中,属分关系和包含关系按其性质是矛盾的普遍性与特殊性的关系,具有这种关系的叙词能够成为一族;而整体与部分关系按其性质则是一个完整系统与其各个构成部分之间的关系,具有这种关系的叙词不能成为一族。所以,这两种性质的等级关系是有差别的。因此,也可用"族属"(或"属")和"族分"(或"分")两个符号来显示属种关系和包含关系,用"体属"(或"整")和"体分"(或"部")两个符号来显示整体与部分关系,以示区别。

(三)相关关系

相关关系,是在两个叙词间存在的不属于等同关系和等级关系的某种比较密切的关系,也称类缘关系。显示这类关系,对标引人员和检索人员都是有重要参考价值的,所以应作参照。具有这类关系的叙词,彼此在概念上处于相互关联、交错、矛盾、对立的地位,因此都用"参"参照符号来建立联系。相关关系大体上有以下几种情况:

（1）交叉概念的叙词之间的关系。如：

图书馆学　　　　　　　　情报学
　　参　情报学　　　　　　　参　图书馆学
图书馆　　　　　　　　　情报中心
　　参　情报中心　　　　　　参　图书馆
果树业　　　　　　　　　林业
　　参　林业　　　　　　　　参　果树业

（2）对立统一概念的叙词之间的关系。如：

纪律　　　　　　　　　　自由
　　参　自由　　　　　　　　参　纪律

（3）因果概念的叙词之间的关系。如：

禁烟运动　　　　　　　　鸦片贸易
　　参　鸦片贸易　　　　　　参　禁烟运动
　　　　鸦片战争　　　　　　　　鸦片战争
　　　　　　　　　　　　鸦片战争
　　　　　　　　　　　　　　参　禁烟运动
　　　　　　　　　　　　　　　　鸦片贸易

（4）并列概念的叙词之间的关系（其关系比较密切者）。如：

封建制度　　　　　　　　奴隶制度
　　参　奴隶制度　　　　　　参　封建制度

（5）反对概念或矛盾概念的叙词之间的关系。如：

殖民主义　　　　　　　　非殖民化
　　参　非殖民化　　　　　　参　殖民主义
行车安全　　　　　　　　行车事故
　　参　行车事故　　　　　　参　行车安全

（6）某些反义词之间的关系（当两个反义词都作为叙词时）。如：

180

可判定性　　　　　　　　　　不可判定性

　　参　不可判定性　　　　　　参　可判定性

（7）某些近义词之间的关系（当两个近义词都作为叙词时）。如：

改良主义　　　　　　　　　　改良派

　　参　改良派　　　　　　　　参　改良主义

轰炸　　　　　　　　　　　　空袭

　　参　空袭　　　　　　　　　参　轰炸

（8）某种学科与研究对象的叙词之间的关系。如：

农业类型学　　　　　　　　　农业区划

　　参　农业区划　　　　　　　参　农业类型学

生成—语言学　　　　　　　　转换—生成语法

　　参　转换—生成语法　　　　参　生成—语言学

（9）某种原理或方法与以其为基础的某种装置、设备的叙词之间的关系。如：

仿生　　　　　　　　　　　　人工智能

　　参　人工智能　　　　　　　参　仿生

海浪发电　　　　　　　　　　潮汐发电机

　　参　潮汐发电机　　　　　　参　海浪发电

放射照相　　　　　　　　　　射线探伤机

　　参　射线探伤机　　　　　　参　放射照相

（10）某种原理或方法与其某个应用方面的叙词之间的关系。如：

辐射遗传学　　　　　　　　　蚕豆

　　参　蚕豆　　　　　　　　　参　辐射遗传学

反磁化　　　　　　　　　　　退磁

　　参　退磁　　　　　　　　　参　反磁化

（11）某种材料或设备与其某个应用方面的叙词之间的关系。如：

多孔性材料　　　　　　透水路面
　参　透水路面　　　　　参　多孔性材料
冷镦机　　　　　　　　镦锻
　参　镦锻　　　　　　　参　冷镦机

（12）某种事物与其性质或特征的叙词之间的关系。如：

反刍动物　　　　　　　复胃
　参　复胃　　　　　　　参　反刍动物

（13）某一学科、学说、学派、团体、事件与有关人物，或某一事件与有关团体的叙词之间的关系。如：

病理心理学　　　　　　艾德勒，A.
　参　艾德勒，A.　　　　参　病理心理学
百科全书派　　　　　　狄德罗，D.（1713—1784）
　参　狄德罗，D.　　　　参　百科全书派
　　　（1713—1784）
实用主义　　　　　　　胡适
　参　胡适　　　　　　　参　实用主义
文学研究会　　　　　　茅盾
　参　茅盾　　　　　　　参　文学研究会
百日维新　　　　　　　光绪帝
　参　光绪帝　　　　　　参　百日维新
　　　康有为　　　　　康有为
　　　戊戌变法　　　　　参　百日维新
　　　西太后　　　　　戊戌变法
　　　　　　　　　　　　参　百日维新
　　　　　　　　　　西太后
　　　　　　　　　　　　参　百日维新
辛亥革命　　　　　　　同盟会

参　同盟会　　　　　　参　辛亥革命

　　孙中山　　　　　　　　孙中山

　　　　　　　　　　　　参　辛亥革命

（14）某种行为与其受体的叙词之间的关系。如：

扫盲　　　　　　　　　　文盲

　　参　文盲　　　　　　　参　扫盲

　　相关关系的情况非常复杂，很难加以分类和概括，除上述多种外，还有不少是很难作说明解释的。例如，在"概念"、"定义"、"内涵"、"外延"四个叙词之间，在"字音"、"字形"、"字义"三个叙词之间，在"成熟度"、"采收"两个叙词之间，都有必要显示其相关关系，但对这些关系如何更具体地分类、定义，就比较困难了。

　　在相关关系中。一个叙词可以同两个以上的叙词建立"参"参照关系，但不可同已构成"参"关系的那个叙词的"属"项（上位叙词）或"分"项（下位叙词）再构成"参"关系（特殊情况除外）。如：

民族主义

　　参　沙文主义　　　（正确）

　　　　民族沙文主义　　（不正确）

第二节　叙词表

一　叙词表的功用和结构体系

（一）叙词表的功用

　　叙词作为文献标引人员和情报检索人员之间的共同语言的职能，是借助于叙词表这个工具来实现的。叙词表的功用，主要有下

列三个方面:

(1)对叙词法的严格实施起管理作用。叙词虽然是采自自然语言的语词,但并非任何语词都可作为叙词。对自然语言的语词作优选和规范处理,使其达到"事物—概念—语词"一一对应的要求,这是叙词法能够达到较高检索效率的重要条件之一。同时,叙词词汇具有动态性,即它必须随着社会实践和科学技术的不断发展变化,人们对客观世界事物认识的不断深入而不断补充和删除。因此,哪些语词是叙词,哪些语词不是叙词,哪一概念用哪一叙词(或哪几个叙词的组配)来表达,必须有非常明确的规定,才不致造成混乱,使叙词系统保持较高的检索效率。这就必须要有一个词表来作这种规定,而叙词表就是提供现行的、与事物概念唯一对应的、标准的标引－检索用词的权威性词表。

(2)对周密选用叙词以便准确、全面地标引和检索文献起保证作用。一篇文献的情报内容或一个检索课题的情报需要,是否能选用一些恰当的叙词来准确、全面地表达出来,这也是保证达到较高检索效率的重要条件之一。但是,在标引和检索实践中,这是一件很困难的事。叙词表采用了比较完备的参照系统,把全部叙词以及非叙词联结成一个网络,使每个叙词和非叙词置于其所表达的概念与其它概念之间的逻辑关系中。这样,在选取叙词时,虽然从不十分恰当的部位(例如从同义词、上位词、相关词)入手查找,通过严密的参照系统的指引,最后也能找到真正符合情报内容的叙词,从而防止标引或检索的偏差和不全面。

(3)对文献标引人员和情报检索人员查找所需叙词起方便作用。叙词表除了具有严密参照系统的字顺表外,还采用分类索引、等级索引、轮排索引、双语种对照索引及图示法等多种排列方法来编排叙词和显示它们的关系。这样,就可以从多种途径入手来选择叙词,使叙词法使用起来十分方便。实际上,这对保证较高的检索效率来说,同样是不可缺少的条件。

（二）叙词表的结构体系

叙词法由于采用了多种情报检索语言的原理和方法，因此叙词表的结构也比较复杂。就总体结构来说，它一般都是由一个主表和若干辅表构成的。主表是叙词表的主体，包括的内容最全，对每个叙词的著录也比较完备，所以可独立存在。辅表是为方便叙词表使用而编制的各种辅助索引，包括的内容不全，著录也比较简略，所以不能独立存在。

作为叙词表组成部分的各种排列表或索引，以及词的关系图，归纳起来有下列几种：

（1）叙词字顺表。一般是叙词表的主表，它是将叙词和非叙词完全按字顺排列，并有标注事项和显示词间关系的参照系统。利用这种排列表可不考虑概念之间的隶属关系，而仅从表达概念的语词的字面形式出发，直接地找到相当的叙词；或再通过参照系统，从该词的上下左右间接地找到更恰当的叙词。

（2）叙词分类索引。也称分类表或范畴索引，是一种重要的辅助索引。它是将叙词按其概念所属学科或范畴分成若干大类，在大类之下再分成若干小类，在小类之下则将叙词按字顺排列，形成一个类似体系分类表的概念分类系统。这种索引便于从学科或专业的角度来选用叙词，可使叙词法在某种程度上具有分类法的性质。

（3）叙词等级索引。也称族系表或词族索引。它是利用概念的等级关系（概念成族原理）将叙词汇集在一起成为一族，构成一个从泛指叙词到专指叙词的等级系统，可以从一族中外延最广的叙词（族首词）出发，找到一系列同族的叙词，并且可以明确它们之间的层层隶属关系。这种索引可补叙词字顺表族性检索功能差的缺点。

（4）叙词轮排索引。也称轮排表。它是利用字面成族的原理，将有相同单词的词组叙词汇集在一起，排列在那个单词之下，从而可以从那个单词出发，查出含有该单词的某一个或全部词组叙词。一个词组叙词由几个单词构成便可轮排几次，在几处都能查到它。这种索引的功能类似词典,查找比较方便,也可在某种程度上补叙词字顺表族性检索功能差的缺点。

(5)叙词双语种对照索引。如英汉对照索引等。这是建立在两种语言之间语词等价关系的基础上,提供从另一种语言字顺入手查词的途径的一种索引。叙词表附加这种索引,有助于在标引外文文献时选准叙词(如《汉语主题词表》所附的英汉对照索引),或便于借助本国叙词表查阅国外的检索工具(如《国防科学技术主题词典》所附的汉英对照索引)。

(6)专有叙词索引。如地区索引、人物索引、机构索引、产品索引等。这些索引一般与主表不重复,实际上是主表的一个组成部分。将这些专有叙词单独编成索引,可避免叙词表主表庞大臃肿,方便查找。

(7)正式叙词索引和款目词索引。前者仅限于正式叙词,后者包括正式叙词和非叙词。除后者有"用"参照项外,两者都没有其它参照项和各种标注项。这种索引是叙词表的简本,可方便检索人员查阅和携带。

(8)叙词关系图。也称词族图或语义关系图。这是用图示的方式来显示同族叙词之间的关系,比较清晰。

以上列举的八种组成部分,并不是每种叙词表都有的。叙词表的结构体系随其学科或专业范围、所用自然语言的语种、收词数量等不同而变化,也受设计思想的影响。叙词表大体可分为三类:(1)只有一个表的叙词表(一般都是字顺表);(2)由两个表组成的叙词表(其中必有一个字顺表,另一个以分类索引为多见);(3)由一个主表和三、四个辅表组成的叙词表。

叙词表一般以字顺表作为主表,但是也可以把分表类作为主表。当把分类表作为主表时,分类表中的叙词按等级关系和分类原则排列并逐个地配置分类号。这样,分类表不仅可以替代等级索引,而且也可以部分地替代字顺表的参照系统(等同关系、非同一类列叙词间的相关关系以及一词两属的属分关系因为不能通过等级结构直接显示而仍留给字顺表显示,如《英国电气分面叙词表》就是这样做的),甚至全部地替代字顺表的参照系统(即除了通过等级结构直接显示一部分叙词间关系外,再加上参照注释显示其余的叙词间关系)。此外,在字顺表中也可采用等级关系全显示和词序倒置轮排等方法,使一个表兼有多种功能。专有叙词索引也可并入主表而不单独编制。

二 主表的编制法

(一)著录内容

叙词表主表包括全部叙词和非叙词(专有叙词另编索引时除外)。

对一个叙词的著录构成一条叙词款目,对一个非叙词的著录构成一条非叙词款目。叙词款目和非叙词款目都是由款目词、标注项和参照项组成的,但两者的著录事项有很大差别。

叙词款目的著录事项大体有:叙词(款目词)、汉语拼音、另一语种的等价词、限义词、定义注释、范围注释、分类号(范畴类号)、族首词符号、"代"参照项(非叙词)、"组代"参照项(被组代的非叙词)、"分"参照项(下位叙词)、"属"参照项(上位叙词)、"族"参照项(族首词)、"参"参照项(相关叙词)。

非叙词款目的著录事项大体有:非叙词(款目词)、汉语拼音、另一语种的等价词、限义词、分类号(范畴类号)、"用"参照项(叙词)。

以上所举著录事项在各种叙词表中多少不一。例如,在《汉语主题词表》中无"组代"参照项;在《国防科学技术主题词典》中无"参"参照项,不区分"代"与"组代"参照项,也不采用定义注释和范围注释。同时,在各种叙词表中著录事项的排列次序也不完全一致。

叙词表主表的著录内容与整个叙词表的结构体系有很大关系。例如,当叙词表编有各种专有叙词索引时,就不再将专有叙词列入主表。有的叙词表不专门编制等级索引（词族索引），则在主表中叙词的"属""分"参照项采用等级关系全显示方式（《国防科学技术主题词典》一方面采用等级关系全显示方式，同时又将具有两级以上等级关系的族首词另编词族索引，在主表中只列出族首词本身）。有的叙词表不单独编制轮排索引，而将词组叙词在主表中实行倒置轮排。

（二）格式及符号

1. 叙词款目的著录格式（举例如图 26～28）

汉 语 拼 音……Bianji xiaoyong xuepai
款 目 叙 词……边际效用学派　　　　　05DB……范畴类号
英 文 译 名……Margipal utility school
"代"参照项……D　边际学派
　　　　　　　　边际主义
"分"参照项……F　奥地利学派
　　　　　　　　剑桥学派
　　　　　　　　洛桑学派
　　　　　　　　数理学派
"属"参照项……S　庸俗资产阶级政治经济学
　　　　　　　　经济学派*
"族"参照项……Z　政治经济学
"参"参照项……C　费边社会主义
　　　　　　　　凯恩斯主义
　　　　　　　　瑞典学派
　　　　　　　　新古典学派
　　　　　　　　新剑桥学派

注：*是族首词符号。因"边际效用学派"一词有两个上位词，所以在这条叙词款目中出现两个族首词（"经济学派"和"政治经济学"都是族首词）。

图 26　《汉语主题词表》主表中叙词款目的著录格式

款 目 叙 词……Atomic structure   1407……范畴类号
汉 语 叙 词……原子结构（Yuanzi jiegou）   ……汉语拼音
"代"参照项……UF Atomic radii
           Electronic structure
"分"参照项……NT Atomic energy levels
           · Ground state
           Atomic orbitals
           Interatomic forces
           Pauli exclusion principle
"属"参照项……BT Atomic properties

注：* 是族首词符号（上例中缺）。

图27　《国防科学技术主题词典》主表中叙词款目的著录格式

Jinshu taoci	金属陶瓷　2414
D. Yingzhi hejin	代 . 硬质合金
S. Taoci cailiao	属 . 陶瓷材料　2414
F. Gangjie yingzhi hejin	分 . 钢结硬质合金　2416
C. Fenmo yejin	参 . *粉末冶金　2504
Gaowen hejin	高温合金　2402
Shaojie hejin	烧结合金　2414
Yingzhi hejin dao ju	硬质合金刀具　2506

注：叙词后面的四位数字为该叙词的范畴类号；
    * 是族首词符号。

图28　《航空科技资料主题表》主表中叙词款目的著录格式

2. 非叙词款目的著录格式（举例如图 29～31）

```
汉 语 拼 音············Bian ji xuepai
款 目 非 叙 词············边际学派              05DB············范畴类号
英 文 译 名············Marginalist school
"用"参照项············Y 边际效用学派
```

图 29 《汉语主题词表》主表中非叙词款目的著录格式

```
款 目 非 叙 词···Atomic radii              1407···范畴类号
汉 语 非 叙 词···原子半径（Yuanzi banjing）    ···汉语拼音
"用"参照项········Use Atomic structure
```

图 30 《国防科学技术主题词典》主表中非叙词款目的著录格式

```
Yingzhi hejin              硬质合金  2414

Y. Jinshu taoci            用·金属陶瓷  2414
```

图 31 《航空科技资料主题表》主表中非叙词款目的著录格式

各种叙词表参照系统所用符号基本相同，现整理成表如下（见表2）。

190

表 2 叙词表参照系统所用的符号

语义关系	词种	中文 简称	中文 拼音缩写	英文 缩写	英文 原文	法文 缩写	德文 缩写	国际通用符号
等同关系（优选关系）	叙词	用	Y	USE	Use	EM	BS	=
等同关系（优选关系）	非叙词	代	D	UF	Used for	EP	BF	≠
等同关系（优选关系）	非叙词	组代	ZD	UFC	Used for combination			&
等级关系	上位叙词（广义词）	属	S	BT	Broad term	TG	OB	<
等级关系	下位叙词（狭义词）	分	F	NT	Narrow term	TS	UB	>
等级关系	族首词	族	Z	TT	Top term			

属种关系和包含关系	上位叙词（族性词）	族属，属	BTG			
	下位叙词（专指词）	族分，分	NTG			
整体与部分关系	上位叙词（整体词）	体属，整	BTP			< P
	下位叙词（部分词）	体分，部	NTP			> P
相关关系（类缘关系）	相关叙词	参	RT	Related term	VA	–
注 释		注	SN		NE	D

（属分关系）

注：国际通用符号是国际标准 ISO2788《单语种叙词表编制规则》第二版草案建议的。

192

（三）编排方法

叙词表主表可以有三种排列方法：（1）按字顺排列；（2）按分类排列；（3）分类与字顺混合排列。目前大多数叙词表的主表采用字顺排列法。

汉语叙词表采用字顺排列法时，宜按汉语拼音顺序排列，另附叙词首字的笔划索引和四角号码索引。

按汉语拼音顺序排列时，先按款目词第一个字的音序排；遇有同音字时，将相同的汉字集中，按笔划笔形决定先后次序；第一个字相同的，继续比第二个字的次序，依此类推；以阿拉伯数字、外文字母等开头的款目词单独排列，置于字顺表的最后。这种排列方法与纯按汉语拼音顺序排列的方法（包括字母本位排列法、音节本位排列法、首字母排列法）比较，有两个重要优点：一是能使款目词有较多字面成族的机会，也就是使有一定联系的款目词在字顺中排在一起或附近，在查词时便于"瞻前顾后"，全面地查检，避免漏查和选词不当；二是可以为词表或目录配备款目词首字索引，使不熟悉或不懂汉语拼音的人也能借助于首字索引比较容易地进行查阅。

《汉语主题词表》是按字母本位排列法（即以整个叙词的全部汉语拼音字母，逐个字母地排比次序）来进行字顺排列的。这种排列方法使不同汉字起首的款目词互相穿插，从而不仅使款目词丧失很多字面成族的机会，而且也使词表和目录丧失配备款目词首字索引的可能性，所以很难使用。这即使对熟悉汉语拼音的人来说，也不是很方便的。因为他们不一定知道所要表达的那个概念在词表中到底是用哪个叙词来表达的，查词一般带有探索的性质；而当同一汉字起首的款目词不能排在一起时，这种探索就变得复杂了。至于对不熟悉或不懂汉语拼音的人来说，那就更难使用了。所以，《汉语主题词表》在这方面是有缺点的。用《汉语主题词表》标引文献后，组织目录时就不应当再采用该词表的排列法，而应当采用上述汉语拼音与笔划笔顺相结合的排列法，以方便检索。

外语叙词表采用字顺排列法时，主要有下列三种方法：

（1）以字母为单位的字顺排列法。这种排列法的规则是：不计单词间的空格，除括号、数字、字母外不计其它符号，一律按括号、数字 0~9、字母 A~Z 的顺序排列。这种排列法的质量较低。

（2）以单词为单位的字顺排列法。这种排列法的规则是：先比第一个单词的字顺，第一个单词相同时，再比第二个单词的字顺，等等。有连字符的复合词要作两个词计算。除字母、数字、括号外的其它符号（如标点、专用符号等）作空格处理。这种排列法的质量较高。

（3）机排顺序。这种排列法的规则是：词内全部符号，包括字母、数字、标点、专用符号及空格等都要以字符为单位按顺序排列。这种排列法的质量最高。

三　辅表的编制法

（一）分类索引（范畴索引）编制法

1. 分类体系的确定

分类索引要依据叙词表的专业特点、本单位的资料收藏范围和服务对象的需要等具体情况设立类目。在一个分类体系中，可同时采用多种立类标准，即有的类目是按学科设立的，有的类目是按专业特点设立的，也有的类目是按概念性质设立的。综合性叙词表和多科性叙词表的分类索引一般以学科分类为基础，与体系分类法的基本体系较接近；专业性叙词表的分类索引一般以构成专业问题的各个剖面为基础，与组配分类法的分面性质类似。

在专业性叙词表的分类索引中，对于与本专业有关的问题设立类目较多，分类较细，甚至对某些重点问题可突出列类；而对于其它问题，则往往归并列类。综合性叙词表的分类索引虽然要求比较均衡地设置类目，但也往往视收词的具体情况而列类。在分类索引中,对一些类无专属的概念和一般通用的概念,如"管理"、"研究所"、"大会"、"系统"、"著作"、"方案"、"理论"等,则采取设立"一般概念"类目的办法予以集中。

所以,分类索引的类目实际是把概念性质相近的叙词归并在一起而形成的范畴,这种范畴的建立固然有助于将资料按内容性质进行一定程度的系统化(如按分类 – 主题字顺组织检索工具),但主要还是在于方便标引和检索时选取叙词。

分类索引的类目一般只分二级,综合性叙词表因包罗范围较广,可分三级。类目数量要有一定控制,一般从十几个大类到三、四十个大类。每个大类再分几个小类到十几个小类。每个小类一般容纳几十个到一、二百个叙词。如果一个小类的叙词数量太多,则可把它划分为二个或三个并立的小类;如果叙词数量太少,则可将其合并。也就是说,列类中有一个平衡的因素,这主要是从查词的方便出发。

类目的排列有两种方法,一种是大小类目均按分类系统性排列,这对组织卡片式分类主题目录是必要的;另一种是大小类目均按类名字顺排列(小类随大类排),这对查词有一定方便。

分类体系的拟订,一般是参考各种体系分类表、其它叙词表的分类索引、教科书以及本系统专业设置的实际等,经充分研究和讨论后拟出分类表初稿,根据它将叙词归类后,检查其实际情况,进行调整、修改,再作最后定稿。

2. 叙词的归类和著录

分类索引收录全部叙词和非叙词,除"非叙词　用　叙词"的参照项外,其它标注项和参照项全部删去。

叙词归类有两种办法:(1)一词只归一类;(2)一词可归多类,但确定一个基本类。目前大部分叙词表都允许一词归多类,以方便查找。从组织分类主题目录的需要来说,一词必须有一个基本类,以避免文献被分散,造成漏检。

叙词归入某个类后,便得到一个分类号(范畴类号)。同时归入两个、三个类的叙词,便有两个、三个分类号(其中一个是主类号,应标注在前面)。分类号有助于辨别叙词所属范畴,同时也是组织分类主题目录的依据。叙词编分类号,常采用四位数字,两位代表大类,两位代表小类。也可采用字母 – 数字混合标记。

在分类索引中,叙词和非叙词均按字顺排列。

分类索引(作为辅表时)的著录项目包括:类目名称及分类号、类目注释、款目词(叙词和非叙词)、非叙词款目下的“用”参照项。索引格式如图 32 所示。

---

07 文化事业
07A 文化事业一般概念
评论
群众文化
时事评论
述评
思想评论
文化
…………
…………

07B 社会文化工作
电影院
歌咏会
故事会
故事员
讲故事
　Y 故事会

…………
…………

07C 出版、发行
07CA 出版发行一般概念
版权
　Y 著作权
版税
畅销书
出版
…………
…………

07CB 出版编辑
跋
　Y 出版说明
版面
编辑
编辑部
编辑工作

图 32　叙词分类索引正文的格式

196

（二）等级索引（词族索引）编制法

等级索引的内容，包括具有属种关系和包含关系的叙词，以及一部分具有整体与部分关系的叙词；不包括全部非叙词；某些叙词表也不包括只具有一级等级关系的上述叙词。在等级索引中一般无标注项和参照项，个别的保留范畴类号或其它某些项目。

等级索引的结构，是将上述范围的叙词按等级展开的形式排列在概念外延最广的，即只有参照项"分"而没有参照项"属"的那些叙词——族首词之下（见图 33～34）。

Tianjing yundong		· · · 撑杆跳高	09J
田径运动		· · · 三级跳远	09J
· 径赛	09J	· · · 跳高	09J
· · 竞走	09J	· · · · 背越式跳高	09J
· · 跑	09J	· · · · 俯卧式跳高	09J
· · · 长跑	09J	· · · 剪式跳高	09J
· · · · 群众性长跑	09J	· · · 跳远	09J
· · · 短跑	09J	· · · · 挺身式跳远	09J
· · · 接力跑	09J	· · · · 走步式跳远	09J
· · · 跨栏跑	09J	· 投掷项目	09J
· · · 马拉松跑	09J	· · 推铅球	09J
· · · 越野跑	09J	· · 掷铁饼	09J
· · · 障碍跑	09J	· · 掷标枪	09J
· · · 中跑	09J	· · 掷链球	09J
· 田赛	09J	· · · 掷手榴弹	09J
· · · 跳跃项目	09J		

图 33 《汉语主题词表》中的等级索引片断

```
Geographic areas    地区
……………
· Asia   亚洲
· · China   中国
· · · Central－South China   中南地区（中国）
· · · · Honan   河南
· · · · Hunan   湖南
· · · · Hupei   湖北
· · · · Kwangsi   广西
· · · · Kwangtung   广东
· · · · · Hongkong   香港
· · · · · South China Sea Islands   南海诸岛
· · East China   华东地区
……………
· · East Asia   东亚
……………
· Europe   欧洲
……………
```

图 34　《国防科学技术主题词典》中的等级索引片断

编制等级索引的方法要点如下：

（1）族首词的选定，基本上以分类索引的小类为基础，选出外延最广的叙词；必要时可以超出小类范围，但一般不能超出大类范围，个别的可作特殊处理。族首词必须是在实际检索中确有必要从这一角度汇集资料（即族性检索需要）的那些叙词；

（2）在各等级中内容交叉则叙词可重复出现；

（3）等级数一般以五级以内为宜。等级太多，一方面查找不便，另一方面对于族首词来说，汇集资料的意义就不大。但等级太少也达不到按等级查找的目的；

（4）叙词的等级排列完全以参照系统的属分关系为依据。同级叙词的排列一律按字顺；

（5）如果要更好地显示多重属分关系，等级索引的形式如下：

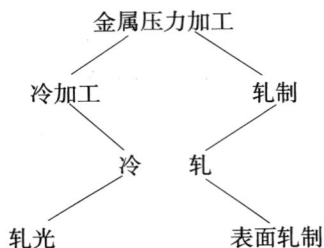

```
金属压力加工
- 冷加工
- - 冷轧
    + 轧制
    + + 金属压力加工
- - - 轧光
- - - 表面轧制
- 轧制
- - 冷轧
    + 冷加工
    + + 金属压力加工
- - - 轧光
- - - 表面轧制
```

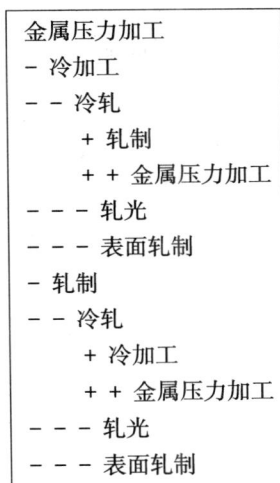

注："-"表示"分"，"+"表示"属"。

a）叙词关系   b）等级索引形式

图35　叙词的多重属分关系及其在等级索引中的一种显示形式

（6）等级索引也可与分类索引结合，即将分类索引的小类编排成等级索引的形式。

（三）轮排索引编制法

轮排索引的内容，只包括全部词组叙词（单词叙词与词组叙词中的单词一致的，可以包括进去，也可以不包括进去），不包括非叙词，无标注项和参照项。

轮排索引编制方法比较简单，只要采用某种轮排形式，达到从某一单词出发能够查到包含该单词的某一词组叙词或若干词组叙词的目的即可。轮排形式有下列三种（见图36）。

199

第一种		第二种		第三种
动力学	人体动力学	人体	动力学	动力学,人体
仿生	分子仿生	分子	仿生	仿生,分子
	化学仿生	化学	仿生	仿生,化学
	神经仿生	神经	仿生	仿生,神经
分子	分子仿生		分子仿生	分子仿生
化学	化学仿生	生物	化学	化学,生物
	生物化学	运动生物	化学	化学,生物,运动
	运动生物化学	组织	化学	化学,组织
	组织化学		化学仿生	化学仿生
静力学	人体静力学	人体	静力学	静力学,人体
	血液静力学	血液	静力学	静力学,血液
理论	理论生物物理学		理论生物物理学	理论生物物理学
力学	人体动力学	人体动	力学	力学,动,人体
	人体静力学	人体静	力学	力学,静,人体
	生物力学	血液静	力学	力学,静,血液
	血液静力学	生物	力学	力学,生物
	运动生物力学	运动生物	力学	力学,生物,运动
人体	人体动力学		人体动力学	人体动力学
	人体静力学		人体静力学	人体静力学
神经	神经仿生		神经仿生	神经仿生
	神经生理学		神经生理学	神经生理学
生理	运动生理	运动	生理	生理,运动
生物	理论生物物理学		生物化学	生物化学
	生物化学	运动	生物化学	生物化学,运动
	生物力学		生物力学	生物力学
	生物物理学	运动	生物力学	生物力学,运动
	生物钟		生物物理学	生物物理学
	运动生物化学	理论	生物物理学	生物物理学,理论
	运动生物力学		生物钟	生物钟
物理学	理论生物物理学	生物	物理学	物理学,生物
	生物物理学	理论生物	物理学	物理学,生物,理论
血液	血液静力学	血液	静力学	血液静力学
运动	运动生理		运动生理	运动生理
	运动生物化学		运动生物化学	运动生物化学
	运动生物力学		运动生物力学	运动生物力学
钟	生物钟	生物	钟	钟,生物
组织	组织化学		组织化学	组织化学

图36　叙词轮排索引的三种形式

200

在上述三种轮排形式中,以第二种形式使用较方便,但占词表篇幅稍大。第三种形式可与主表结合,而不单独编制索引。

（四）双语种对照索引编制法

双语种对照索引的内容,包括全部叙词和非叙词。按与叙词和非叙词等价的另一语种的词的字顺排列。等价词（索引款目词）排在左方或上方,叙词或非叙词排在右方或下方。对于非叙词,加注"用"参照项;对于叙词的族首词,可加注族首词符号,也可不加。例如:

白磷弹	White phosphorus projectiles
	Use Smoke projectiles
	and phosphorus
白磷伤	White phosphorus injuries
白陶器	*Whitewares
白细胞	White blood cells
	Use Leukocytes

在对照索引中,两种语言的词或词组之间并不完全是一对一的（见图 37）。比如,表达概念 A,英语和汉语都只用一个单义词;表达概念 B,英语可用两个或更多个同义词,汉语却只用一个单义词;表达概念 C,英语用一个多义词,汉语用一个单义词;表达概念 D,英语用一个单义词,汉语可用两个同义词,等等。此外,在叙词表中还使用"组代"措施,所以情况就比较复杂。编制双语种对照索引时处理这种复杂关系的原则有两条:一是如实反映;二是对任何一个索引款目词都要指出相对应的具体叙词。

此外,在编制对照索引时还要注意一点,即作为索引款目词的词或词组,不应是生硬地按叙词逐词翻译过去而成的,而应注意选用叙词概念在该种语言中所惯用的词或词组。

对照关系	英汉对照索引举例
款目词→叙词	Radium　镭
款目词1 ↘ 款目词2 ↗ 叙词	Auroras　极光 Polar auroras　极光
款目词 ⟨ 叙词1 叙词2	Beams　射束 　　　　　梁
款目词→非叙词 　　　　↓ 　　　叙词	White blood cells　白细胞 　　　　　　　　用　白血球
款目词→非叙词 　　↙　　↘ 叙词1　叙词2	Ionic reactions　离子反应 　　　　　　用　化学反应＋离子
（较复杂关系的一种） 款目词1→非叙词 款目词2 ↘ 款目词3 ↗ 叙词	Laser oscillators　激光振荡器 　　　　　　　用　激光器 Lasers　激光器 Optical masers　激光器

图 37　叙词双语种对照索引中的各种对照关系

对照索引的简化形式,是仅指出与索引款目词等价的叙词,而不显示两种语言的词或词组之间严格的语言对应关系,即可不用非叙词作过渡。

（五）专有叙词索引编制法

各种专有叙词索引,如地区索引、人物索引、机构索引、产品索引等,都是从叙词表主表中分离出来的,它们的内容一般并不与主表重复,因此其中叙词款目和非叙词款目的著录事项、著录格式及排列次序应与主表相同,并且最好与主表建立参照关系。

编制各种专有叙词索引所遇到的主要问题,是专有叙词的规范化问题。就汉语叙词表来说,大体可采取如下解决办法:

（1）国名、洲名采用通用简称，无通用简称者取音译，不用全称作叙词，也不必用全称作非叙词；

（2）人名一律姓在前，名在后。外国人的姓取中译，并应按同姓同译的原则；名可取原文缩写。沿用已久影响较大的惯译名可适当保留作叙词，并与标准译名建立"参"或"用""代"参照关系。如果叙词表没有双语种对照索引部分，应将外国人原名作为注释注出；

（3）机构名一般取全称。如全称太长简称又较准确、通用者亦可用简称。未选用的全称或简称都应作为非叙词。

外国机构名一般取中译全称。较通用的中译简称亦可作叙词。未选用的中译全称、简称都应作为非叙词。如果叙词表没有双语种对照索引部分，应将外国机构原名作为注释注出。外国机构原名简称在必要时可作为非叙词编入索引；

（4）产品以型号＋通称作叙词，命名和绰号作非叙词；

（5）带有人名、地名的机构名和产品名，人名、地名的部分与处理一般人名、地名同，机构名、产品名的部分取通称。

（六）叙词相互关系图示法

叙词之间的相互关系，可用关系图来展示。例如，用单向箭头表示属分关系（上位叙词→下位叙词），用双向箭头表示相关关系，用括号加单向箭头表示等同关系（（非叙词）→叙词）。图38是一种用箭头表示叙词相互关系的图示法。

此外，还有别的各种图示方法，如用树形结构图或表式图来进行展示。叙词关系图是一种比较容易理解的形式，但不够严密，可作为叙词表的辅表。有时，叙词关系图本身还附有一个字顺索引。

四　叙词表的设计和编制程序

叙词表的编制是一项比较复杂的工作，在开始时仔细地进行设计并周密地考虑编制程序是很重要的。这不仅有利于保证叙词

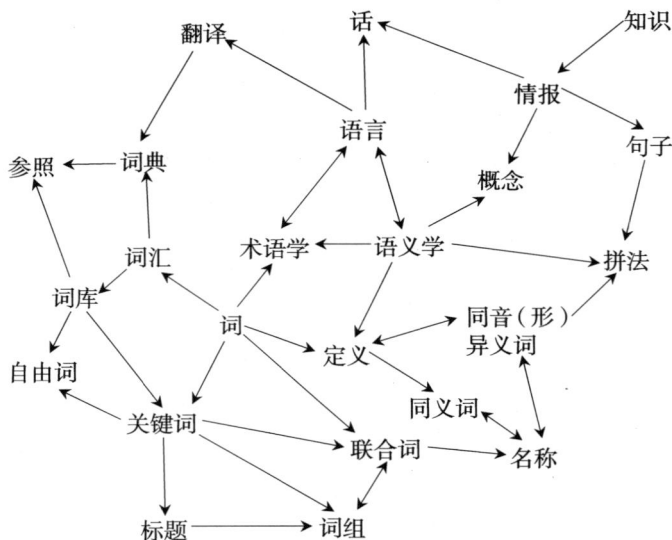

图 38　叙词相互关系图示法的一种形式

表的质量,而且可以避免编制工作中的返工和重复浪费。

(一)叙词表的设计

叙词表的设计包括下列三项:

(1)确定目标,制定计划。首先要确定叙词表的用途、专业范围和规模。也就是说,要明确准备编制的叙词表是供建立什么样的检索系统使用的。然后,根据这个目标,制订一个全面的计划,包括总体设计、编制规范、编制程序、完成期限和分阶段、所需人力、物力、财力的估计、工作组织形式,等等。

(2)总体规划。即全面地、仔细地考虑并确定叙词表的体系结构。例如,除了主表之外,还编制哪些辅表(如分类索引、等级索引、轮排索引、各种专有叙词索引、双语种对照索引、叙词关系图等）；对主表的主要要求（如是否采用等级关系全显示、对词组叙词是否采用轮排等）；主表和每种辅表的著录内容、排列方法；主表及各种辅表相互之间的联系；其它组成部分（如编制说明、附录等）。

（3）制定编制规范。编制规范是叙词表编制工作的细则，其中详细规定诸如：叙词选词原则和范围、叙词组配、叙词字面形式的规定、等同关系词的优选、多义词和词义含糊的词等的注释、叙词相互关系的显示、各种表的著录项目、格式和排列规则、各种符号的含义、汉语拼音的拼写规则等。为了使各项规定更明确，在规范中最好有举例和图示。

在制定规范时，可参考国际标准 ISO 2788—1974《文献工作——编制单语种叙词表的规则》（国际标准化组织在 1981 年又提出了该规则的第二版草案稿）。

（二）叙词表的编制程序

叙词表的编制程序随各单位的编表工作基础以及对叙词表的不同要求而异。手工编表与机器编表程序亦有所不同。手工编表，有积累成表法和通常编表法。下面是通常编表法的一般工作程序，可供参考：

（1）设计（如上所述）；

（2）拟订类表。即拟订叙词分类索引类目表的草案。它是对叙词表收词的学科或专业范围的具体规定，也是以后编制分类索引的基础。有了这个类表，才可能着手收集词汇，并检查收词是否全面；

（3）收集词汇。大型叙词表收集词汇的工作，有必要根据拟定的类表分工进行，小型叙词表不一定需要分工。收词来源大体有：a）利用现有的叙词表和分类表；b）参考已编好的检索工具，特别是其所附的主题索引；c）利用专业词汇、工具书、教科书、期刊等;d)工作中积累的词汇。收词时,同义词和准同义词都在收集之列。对收集到的词应登记在叙词登记卡上。该卡除包括叙词表各种款目的全部著录事项外,还应有关于收词来源和增删记录的项目;

(4)归纳整理。将收集到的词按类表分类(词较多时还可作比类表更进一步的细分),并将同义词、准同义词集中。整理中可发现重复,予以剔除;

(5)选定和规范化处理。即研究确定哪些概念的词属于收词范围,予以保留,其余则剔除;并在属于收词范围的同义词和某些准同义词中选择一个作叙词,其余作非叙词。对属于收词范围的全部词作其它规范化处理(加限定词、注释等);

(6)确定词间关系。即在全部留用词之间建立"用""代""属""分""参"参照,并确定族首词;

(7)编制分类索引。按照分类索引的要求进一步整理,从整个分类索引范围进行类目的调整和词的归属的调整,编分类号(范畴类号),然后抄成分类索引原稿;

(8)编制字顺表(主表)。即将叙词登记卡从分类排列改为字顺排列,按照字顺表的要求整理,然后抄成字顺表原稿;

(9)编制其它索引;

(10)全面审查。

在上述(3)至(10)各阶段都会碰到重复、遗漏、矛盾、不够规范化等问题,尽可能随时发现,随时处理;

(11)试标引和征求意见。试标引这一步是通过实践来检验叙词表的质量,极为重要。作为试标引的文献应有足够数量,并应包括各个方面的资料;

(12)修订,定稿,出版。

五　叙词表的使用法

（一）叙词表使用上一般应注意之点

（1）在正式使用之前，应有一个了解、熟悉、试标引的阶段；

（2）叙词字顺表（主表）的特点是可以从一个叙词出发对它周围的直接关联词"鸟瞰全貌"，叙词等级索引的特点是可以从一个族首词出发对整个一族词"鸟瞰全貌"，叙词分类索引的特点是可以从文献主题概念所属的学科、专业或叙词所属的范畴出发对一个或大或小的学科、专业范围的词或同性质的词"鸟瞰全貌"，叙词英汉对照索引的特点是可以从一个已知的外文词但不清楚其在汉语中的等价词时查到相应的叙词。了解叙词表以上各个组成部分以及其它组成部分的特点，在标引选词时就可能根据具体情况，选择最有效的查词途径，迅速查到恰切的叙词。但须注意，对从等级索引、分类索引、英汉对照索引等各种叙词表辅助索引中查到的叙词，最好再通过主表核对一下，以证实该词是不是最恰切的；也可以相反，对从主表中查到的叙词，再通过某种辅助索引核对一下，以证实该词是不是最恰切的；

（3）在标引选词时应仔细、耐心查找，多查几处，注意每个词的参照项和标注项，反复推敲，到确信无疑已查到最恰切的叙词时为止。不要见到一个词就认为是最恰切的，实际上可能在词表中还有更恰切的词因草率而没有查到；

（4）标引用词必须是叙词表中的正式叙词，并且必须严格按照叙词表中的书面形式使用，不能更改；不得使用非叙词进行标引；

（5）要根据本单位的需要，掌握适当的标引深度。除极少数文献只需用一个叙词标引外，一般文献都应当用更多的叙词标引，但是也要避免标引过度；

（6）标引时应遵守专指性规则。即必须选用叙词表范围内最专指的叙词进行标引。当查不到专指叙词时,仍应假定叙词表中有专指叙词,考虑各种漏查的可能性。只有当最后证明叙词表中确实没有专指叙词时,才得用其它方法标引。用其它方法标引时,仍应尽可能达到与文献主题相当的专指度;

(7)标引时应遵守叙词标引的优先顺序。即:

a)当叙词表中有专指词时,必须用专指词标引;

b)当无专指词时,可用两个或三个泛指词组配标引,不得只用某一个上位词标引;

c)对过于专深的主题,或不适合组配标引的主题,可用上位词标引;

d)当无适当叙词直接标引或组配标引,也不适合用上位词标引时,可用"靠题标引"法,即用较适合的相关词标引;

e)对用上述方法标引都不适合的主题,可增补新词予以标引;

f)叙词表未收的各种专有名词,如地名、人名、机构名、产品名、文件名等,如有必要,可采用自然语言加以规范化使用,一般不得用普通叙词组配表示;

(8)组配标引应是概念组配而不是字面组配,并应避免用不必要的词进行堆砌;

(9)标引时应考虑到文献的潜在用途,用过渡词等加以补充标引;

(10)对某些多主题的文献,在标识单元方式检索系统中,不同主题的叙词之间可能产生假联系者,可使用关联符号;

(11)标引时,应考虑文献单元方式目录索引和标识单元方式目录索引的不同要求。前者的要求是在组配级数限定范围内尽量直接地精确地表达选定的主题,后者的要求则是对文献情报内容进行描述,应尽可能包括一切有检索意义的信息;

(12)在标引过程中增补的新词应有记载,试用一段时间,经

过分析整理,再决定是否正式补入叙词表;

（13）在标引过程中,对于用组配标引法、上位词标引法和靠题标引法标引的主题概念,具体是用哪个叙词标引的,或用哪几个叙词组配标引的,除极为明显、一望而知者外,也应有记载。日后可将这部分记载整理成"入口词表"（关于这种词表将在本章第三节中叙述）,或选择一部分作为非叙词补充进叙词表;

（14）在标引过程中发现叙词表的缺点错误及所采取的解决办法,应加以记载,以便对叙词表进行修订。

（二）当查不到专指叙词时应考虑的各种可能性

（1）一个词的某个同义词未收入词表作非叙词,查词时恰好从那个未收的同义词入手查,结果就查不到（例如"角钢"、"角铁"、"三角铁"是同义词,但《汉语主题词表》仅收"角钢"一词作叙词,未收其它两词作非叙词）。应当指出,这里所指的同义词是广义的,包括一般同义词、学名与俗称、新称与旧称、全称与简称、不同译名、词的不同写法,等等;

（2）一些词组因前一部分有同义词或近义词而很不定型,叙词表对两个同义词或近义词所构成的不同词组各收若干个作叙词,又不加说明,查词时只从一处查,就可能查不到（例如《汉语主题词表》选了"部队管理教育"、"部队生产"、"部队体育"、"军队纪律教育"、"军队卫生"、"军队医疗机构"等词组作叙词,查词时如果只从"部队××"一处查或只从"军队××"一处查,有的叙词就可能查不到）;

（3）因查词者所设想的叙词书面形式与叙词表中该叙词实际的书面形式略有差异而查不到（例如在《汉语主题词表》中可查到"制革"一词,但查不到"制革工业"一词,制革工业这个概念在该词表中的叙词书面形式是"皮革工业"）;

（4）有时,查词者从文献本身所得到的表达该文献主题概念的现成语词与叙词表中相应叙词的书面形式相距甚远,非熟悉该专业用语者就很难迅速查到恰切的叙词(例如,要从《汉语主题词表》中查出表达"文献分类标引"这个概念的叙词,从"文献分类标引"、"分类标引"和"标引"查都不可能查到恰切的词,原来,就该词表范围来说,标引这个概念最恰切的是"图书分类"一词);

(5)冠以地名、人名等的词,查词时有的要减去地名、人名等部分才能查到,有的则不能减,减了就查不到(例如,"东北虎"要查"虎",但"新疆大叶榆"却不能查"大叶榆"或"榆",而要直接查"新疆大叶榆");

(6)有的词中两个词素可以倒转而不变原意,在自然语言中两种形式没有严格限制,都可使用,而在叙词表中却只选用一种形式,从另一种形式入手查就查不到(例如"仔猪"与"猪仔"通用,但在《汉语主题词表》中查"猪仔"就查不到);

(7)一个汉字有两个或三个读音,因此以该汉字作首字的词在词表中分排在两处或三处,查词者如果读音不准,就可能查不到(例如"藏书楼"、"藏品编目"要查 Cang,"藏语"、"藏红花"要查 Zang,否则就查不到);

(8)象《汉语主题词表》这样的叙词表是纯按汉语拼音字母顺序排列的,叙词的字面成族机会因而减少。同一汉字开头的叙词往往被分散在字顺表的数十页甚至上百页中,与其它汉字开头的叙词穿插混排在一起,如果查词者不能肯定所要标引的某个概念的叙词书面形式,查词时又未能仔细、耐心地查找,就可能查不到;

(9)在只显示上、下各一级等级关系的叙词字顺表中,当从上位词入手查词时,如果没有从直接上位词查就会查不到(例如在《汉语主题词表》中,要查"司法心理学"这个词,从"心理学"入手查就查不到,因为在"司法心理学"与"心理学"之间还隔着"社会心理学"这一级);

(10)由于叙词相互关系的显示不充分,若从上位词(整体词)或相关词入手查词时,如果那个上位词或相关词正好漏掉了显示所要查的那个下位词（部分词）或相关词,也会查不到（例如,在《汉语主题词表》中,"中国象棋"一词下没有显示任何下位词和相关词,可是从范畴索引"09UB 中国象棋"一类中,却可以看到还有"过河车（中国象棋）"等四个叙词,事实上在 09UA 一类还有"兵（棋类运动）"等多个叙词与中国象棋有关,但这些叙词从"中国象棋"这个叙词查,在它的参照项中就一个也查不到。又如,在"淡化装置"和"海水淡化"两词的参照项中都看不到"船用海水淡化装置"这个词,事实上在词表中有这个词）;

（11）近义词、反义词被合并后,原词本应保留作非叙词的,但未保留,如果恰好从被合并的那个近义词或反义词入手查,就会查不到;

（12）太专指的词被合并到较泛指的词中去之后,原词本应保留作非叙词的,但未保留,如果恰好从被合并的那个专指词入手查,就会查不到;

（13）象《汉语主题词表》这样的叙词表是分卷的,某个叙词,在第一卷中没有,可能在第二卷中有,在主表中没有,可能在附表中有,或者相反。如果忽略这一点,有不少叙词就可能查不到（例如,"中药加工"、"军用码头"、"山东（历史地名）"、"联合国军"这些叙词在第一卷中,"地图集"、"军用地图"、"军医大学"、"武器"这些叙词在第二卷中,"山东"、"联合国"这些叙词在附表中,等等）;

（14）此外,如等级索引显示不全,范畴索引中一个叙词没有在各有关类目里重复列出,查范畴索引时查找的类目不对,没有仔细耐心地把范畴索引的某一个类目查完,等等,都有可能查不到在词表中已有的叙词。

上述各种情况都是属于叙词表中已有所要查找的专指叙词但没有被查到的。如果这些情况都考虑到了,结果还是没有查到,那就可能是在叙词表中确实没有专指叙词,而属于下述几种情况之一：

（1）所要标引的那个概念本来就是应当用泛指词组配标引，叙词表中当然不收其专指词，并且属于无必要保留专指词作非叙词的（即无必要显示"组代"关系的）；

（2）所要查找的词太专指，叙词表不收，并且属于无必要保留该词作非叙词的；

（3）一些专有名词，叙词表不可能一一列举，但规定可以根据具体需要随时增补而未收的；

（4）所要查找的那个词，叙词表应该收，但漏收了；

（5）新出现的概念，叙词表还没有来得及收入。

六　叙词表的管理

任何一种类表或词表，都要随着事物本身的发展变化以及人们对客观事物认识的步步深入而不断修订，以自然语言的词汇为基础的，以语词直接表达文献主题概念的叙词系统，更有必要不断补充新词和删除旧词，以及调整叙词之间的语义关系，以便跟上这种变化，反映这种变化。此外，叙词表之所以必须不断修订，还因为它不可能一经编成，就成为一个完满无缺的体系，而需要有一个在使用中不断完善的过程。所以，对叙词表不断地进行修订，是使叙词语言保持高度质量的重要措施。

叙词表的修订包括：（1）增补反映新事物、新学科的叙词；（2）增补编表时漏选而又有必要的叙词；（3）增补已选叙词的同义词和其它等同关系词；（4）因某些叙词使用频率过高而增补较专指的叙词；（5）合并使用频率过低的叙词；（6）删除或合并重复多余导致资料分散的叙词；（7）订正某些叙词的字面；（8）订正或增补某些叙词的参照项；（9）对发现的漏洞、矛盾增加注释和作出决定；（10）引进某些新方法。

叙词表的修订工作比较复杂，须要谨慎、细心地从事。

增补新叙词,必须对其实用价值进行审查。为此最好在试用一段时间之后再作决定。但在增补叙词表中已列叙词的一些等同关系词时,只要确认其等同关系无误,即可作出决定。

删除叙词表中原有叙词,一般只限于在标引中从未被使用过并已查明确属无用的词。

合并已被使用过但频率过低或重复多余的叙词,以及订正已被使用过的叙词的字面时,应将已标引的文献作相应的更改。

被删除或被合并的叙词,仍应作为非叙词保留在词表中,并用参照引见所使用的叙词。

叙词增删修改会牵涉到参照系统,也会牵涉到叙词表的各种辅表,都应周密检查,一一作相应的修改。

叙词表的增删修改应有秩序地进行。最好将拟增删修改的地方,平时一一记在叙词表管理卡(或称叙词增删改记录卡)上,定期整理,成批地进行增删、修改,以免造成混乱。

对于许多单位共同使用的叙词表,在管理方面更应加强各单位之间的协作。最好由叙词表的主编单位和各个使用单位的代表组成一个管理机构,共同参加叙词表的修订和使用管理工作。这个机构的任务是:调查和汇集各单位在标引、检索过程中发现的问题及关于增删修改的意见,加以分析研究,作出书面决定;制订使用规则,解答叙词表使用中遇到的问题,以保证叙词表的正确使用;研究叙词法的继续改进、提高问题,等等。

第三节　叙词法的性能

一　叙词法与单元词法、标题法、组配分类法体系分类法的比较

在本章第一节(第一题(一)(二)(三)和第三题(二))中已经

指出,叙词法综合了多种情报检索语言的原理和方法,它力图取各法之长而避各法之短,具有许多优异的性能。

叙词法与单元词法比较,两者虽都用取自自然语言并加以规范化的语词作标识,并且都是以语词的组配为特征的,但是,由于叙词法严格以概念组配为原则,并且当预见到某些概念的表达使用组配会产生意义失真时便直接选用词组(预先组配),因此既保留了单元词法采用组配的一切优点,又在很大程度上克服了它的检索"噪声"严重的缺点。叙词法用多种手段显示叙词间的关系,也比单元词法能更好地进行族性检索。

叙词法与标题法比较,它同样具有标题法对语词进行严格规范化以及显示词间关系所产生的一切优点,却因采用组配原理而避免了标题形式固定,不能实现按任何主题特征自由检索的缺点(这一点很重要)。也由于采用组配原理,使叙词表体积比标题表大大缩小,但标引能力却大大提高。由于它配有分类索引,所以对于从学科、专业出发的检索课题,检索效率也比标题法高一些。叙词法不及标题法之处,是叙词组配标识的直观性和含义的明确性不如标题,文献标引的难度也较大。在文献单元方式检索系统中,当必须限制组配级数时,标识专指度有时低于标题法。

叙词法与组配分类法比较,两者性能极为相似。叙词法在文献标引上比组配分类法更为专指切题和具有更大的灵活性,但在系统性方面则远远不及组配分类法。

叙词法与体系分类法比较,它克服了严重影响体系分类法检索效率的"集中与分散"的矛盾,能对同一项情报实现多途径检索,体系分类法则不能。叙词表虽有分类索引,但这种索引不是严格的知识分类体系,所以叙词法的特性检索功能虽比体系分类法强,族性检索功能却不及体系分类法,而对于从学科、专业出发的族性检索课题则较难应付。叙词法只能用于检索,体系分类法可应用于多方面。

叙词语言按其本质是一种后组式情报检索语言，虽然目前也有作为标题词语言的代用品应用于文献单元方式检索系统的，但是，这种用法效率不如标题词语言；只有把它应用于标识单元方式检索系统时，才能充分发挥它的组配的优异性能。

叙词表比较复杂，编制工作难度较大。叙词组配时必须进行语义分析，使用人员需要有较多的专业知识。

总的说来，叙词法标引精度高，深度大，能实现多途径、多因素检索，适应较多种检索要求，适应情报检索计算机化的需要，是目前检索效率较高的情报检索语言。

二　叙词法的某些问题

（一）叙词法对各种手工检索系统的适应性

叙词法既可用于电子计算机检索，也可用于手工检索。

叙词法用于手工检索方面，可编制下列四种卡片式和书本式检索工具：

1. 传统标题目录式的检索工具

也就是说，把叙词表作为标题表的代用品，用它来编制"标题目录"（或称字顺主题目录）。这是传统的文献单元方式的检索工具。格式如图39。

```
索取号　医学教育＋高等教育＋日本
　　　　日本高等医学教育概况
　　　　　　——国外医学（医学教育）1980 年
　　　　　　1 卷 1 期 42 页
```

图39　用叙词法编制的传统标题目录式检索工具格式

编制这种检索工具的要点是：（1）每一张卡片按一般著录规则只著录一本书或一篇文章，加若干个叙词作为标目，标引一个简单主题或复合主题,按叙词的字顺排列;(2)当一篇文献有多个并列主题时,则为每个主题单独编制一张卡片,分别用相应的叙词标引;(3)叙词组配标引以三级(三个叙词)组配为限。当参加组配的叙词之间交换位置可提供更多检索途径(于本单位读者有实际检索意义的途径)时,可以交换位置(轮排),为每一个轮排方案编制一张卡片。例如:

医学教育 + 高等教育 + 日本(第一张卡片的标目)

高等教育 + 医学教育 + 日本(第二张卡片的标目)

2. 比号卡组配索引式的检索工具

这种检索工具由一套文献题录卡(或文摘卡)和一套比号卡组配索引组成,是标识单元方式的检索工具。格式如图 40~41。

```
                                                    6473

索取号    日本高等医学教育概况

          ——国外医学(医学教育)1980 年

          1 卷 1 期 42 页
```

图 40　用叙词法编制的比号卡组配索引式检索工具题录部分格式

编制这种检索工具的要点是:(1)每一篇文献按一般著录规则编制一张文献题录卡,并编一个文献顺序号,按文献顺序号排列;(2)每个叙词用一张比号卡,可登录用这个叙词标引的数十篇文献,按叙词字顺排列;(3)标引一篇文献所用叙词的数量不限,将文献顺序号登录到各该叙词的比号卡上。登录时应按文献顺序号的尾数填写(如 6473 的尾数为 3,应填入"3"栏),以方便检索时进行对比;(4)检索时,抽出若干张构成检索课题的叙词的比号卡进行比对,在每张卡片上都有的文献顺序号即为可能有用的文献,按该号转查文献题录卡,可进一步判断该文献是否真正符合需要。

医学教育

0	1	2	3	4	5	6	7	8	9
	3711	5422	3993	2934		3846	2947	3628	3109
	5041		6473	4014		4186	3017	4148	4229
			7103	4154			4007	5668	4879
							4187		5369
									6509

日本

0	1	2	3	4	5	6	7	8	9
2260	3101	4522	5763	3614	5035	3616	2847	3428	3249
4410	4721	5142	6473	3844		4226	2917	3888	4229
4730	5231	5582	6513	4154		5526	2927	4368	4249
							3537	5408	5679
							4187		6189
							6037		6479
									6609

高等教育

0	1	2	3	4	5	6	7	8	9
2410	3101	5142	3283	3824	6175	3776	2917	3168	3479
	3711	5252	4103	4844		4186	4007	6258	4129
	4331	6232	6473			5526	5787		5369
		7112	6493				6247		6479
			7403						

图 41　用叙词法编制的比号卡组配索引式检索工具索引部分格式

3.题外关键词索引式的检索工具

这种检索工具由一套文献目录和一套叙词索引卡组成,也是标识单元方式的检索工具。叙词卡格式如图42。

编制这种检索工具的要点是:(1)文献目录可以有多种形式:a)同比号卡组配索引式检索工具所用的文献题录卡;b)利用分类目录代替,不另编制;C)利用藏书登记簿的复制本代替(当按登记号排架时),不另编制;d)期刊论文的文献卡可用期刊目次页的复制本加上文献顺序号代替,不另编制。所以,文献号可能是一个文

217

医学教育		
627:42	医学教育＋高等教育＋日本（吴望孚，1980，中文）	
627:51	医学教育＋教育统计＋中国（石海金，1980，中文）	

日本		
627:42	医学教育＋高等教育＋日本（吴望孚，1980，中文）	
629:5	高等教育＋教育统计＋日本（楼冠群，1979，日文）	

高等教育		
627:42	医学教育＋高等教育＋日本（吴望孚，1980，中文）	
628:121	艺术教育＋高等教育＋教学法（陈健，1980，英文）	
629:5	高等教育＋教育统计＋日本（楼冠群，1979，日文）	

图42　用叙词法编制的题外关键词索引式检索工具索引部分格式

献顺序号,也可能是一个分类排架号或藏书登记号。文献号栏也可加入起始页码;(2)为每一个叙词编制一张叙词卡,上面可登录若干篇文献。叙词卡按字顺排列;(3)标引一篇文献所用叙词数量不限,但对并列主题容易引起误组配的叙词最好分组;(4)给每篇文献所标的一组叙词,应排成适当顺序,连同该文献的文献号、主要著者、出版年和文种(后三项用括号置于叙词后),完整地重复登录到每个叙词的叙词卡上;(5)检索时,查出某一个主要的,即对检索课题来说是必不可少的那个叙词的卡片,逐一选择符合需要的文献,然后根据文献号转查文献目录,或直接从架上提取文献,以进一步判断是否真正符合需要。

4. 表式索引式的检索工具

这是一种簿册式的检索工具,由一套文献目录(分类目录,或藏书登记簿的复制本,或期刊目次页的复制本)和一本表式的叙词索引组成。按其性质,也属于标识单元方式的检索工具。表式叙词索引的格式如图43。

文献号: 起始页码	出版年	文种	ABCD	EFGH	J	KLMN
627:42	1980	中		高等教育		
627:51	1980	中			教育统计	
628:121	1980	英		高等教育	教学法	
629:5	1979	日		高等教育	教育统计	

OPQR	S T	W X	Y	Z	外文字母 和数字
日本			医学教育 医学教育 艺术教育	中国	
日本					

图43 用叙词法编制的表式索引式检索工具格式

编制这种检索工具的要点是:(1)表格中 ABC……是叙词汉语拼音的首字母。不可能也不必要为每个字母设一栏,可适当合并。以上格式是统计《汉语主题词表》第一卷第一分册中每个字母所占页数后设计的,各栏的叙词数大致相等;(2)标引一篇文献所用叙词数量不限,但对并列主题容易引起误组配的叙词最好分组;(3)把给一篇文献所标的全部叙词按其汉语拼音的首字母一一填入相应的各栏(如"高"的汉语拼音为Gao,按"G"填入"E F G H"栏),并填写该文献的文献号(分类排架号,或藏书登记号,或文献顺序号)、起始页码、出版年和文种。当同一栏有多个叙词写不下时,也可占两、三行。填写时可不按文献号次序;(4)检索时,从某一个主要的,即对于检索课题来说是必不可少的那个叙词出发,在它所属的那一栏从上往下查;查到那个叙词后,再看其左右各栏中是否有与检索课题相符的其它叙词;若有,则再看该文献的出版年和文种是否符合要求;若均符合,可据文献号查看文献目录或提取原文,以进一步判断是否真正符合需要。

以上四种检索工具在发挥叙词功能、标引深度、编制工作量、查阅方便性等方面有差别,现列表分析比较如下(见表3)。

(二)尽量多收录非叙词及编制入口词表的必要性

非叙词是虽未当选为叙词但仍被收录进叙词表的那些词。叙词是能用于标引和检索的词,也称正式叙词;非叙词是不能用于标引和检索的词,也称非正式叙词。

属于非叙词的有三种情况的词:一是在优选过程中落选的同义词(包括俗称、旧称等各种概念同一关系的词)以及某些被合并的近义词、反义词和否定词;二是被"组代"(组配代替)的词;三是被合并的太专指的词。

在叙词表中,以上三种情况的词都与正式叙词混合排列在字顺序列中,并通过"用"参照指向替代它们的正式叙词。所以,从叙词表中查词时,即使是从这些未被选用的词入手,通过"用"参照的指引,也能顺利地找到被选用的正式叙词。

表3　用叙词法编制的四种手工检索工具性能比较

检索工具 种类 比较 项目	传统标题 目录式	比号卡组 配索引式	题外关键词 索引式	表式 索引式
多途径检索性能	叙词轮排时好，否则差	很好	很好	很好
自由扩检、缩检性能	不好	好，能精确检索	好，能精确检索，且方便	可以，能精确检索，但不方便
标识专指度	不高	高	高	高
检索的直接性	好	不好	稍好	稍好
检索速度	一般较快	相当快	相当快	极慢
编制检索工具所费人力	最多	较少	不专门编文献目录时少，否则较多	最少
适用范围	综合性单位，读者较多	专业单位，读者较少	专业单位，读者较多	专业单位，文献不超过一万篇，读者少
其它		可用少量人力加一套著者索引；标引错误易改	标引错误较难改	标引错误易改；索引可作报道用，也可作检索用
总评：从充分发挥叙词法的检索效率看	差，但对读者较习惯	较好，但检索的直接性差	好，但编制检索工具所费人力较比号卡组配式稍多	尚可，但检索速度太慢

221

叙词表收录非叙词（以及叙词检索系统设立"非叙词用叙词"的参照款目），不仅可以大大方便查词，加快查词速度，减轻查词时对"与某个概念相对应的到底是哪个叙词"作出判断的脑力劳动，而且还可以避免由于对同一主题概念标引及检索的不一致而产生的漏检和误检。例如，关于汉字造字方法中的形声法（也叫"象声"、"谐声"，是一种意符和声符并用的造字法）这一主题概念，如果在词表中不收"形声"一词作非叙词，以"用"参照指向"六书"这个替代它的叙词，则可能第一次用"汉字"这个叙词标引，第二次用"汉字"和"造字"两个叙词组配标引；或者一个标引人员用"六书"这个叙词标引，另一个标引人员用"汉字"和"造字"两个叙词组配标引；或者标引人员用"六书"这个叙词标引，检索人员用"汉字"和"造字"两个叙词组配检索。这样就会产生漏检，也会增加误检。如果有非叙词指明某个主题概念应当用哪个叙词标引和检索，则至少不会产生漏检（由于替代词（叙词）中有些比被替代词（非叙词）概念外延广，所以误检尚不能完全避免）。

　　由此可见，非叙词对保持叙词语言检索效率的作用是不可忽视的。叙词表尽量多收录非叙词，这是提高叙词语言检索效率的必要措施之一。

　　但是，事实上既不可能也没有必要把属于前述三种情况的词都作为非叙词收录进叙词表。不然，叙词表就将过于庞大而难于使用。哪些词有必要作为非叙词收进词表，哪些词没有必要作为非叙词，不必收进词表，主要决定于那些词与替代它们的叙词之间的关系是否非常明显、固定和普遍为人所知。例如，假定叙词表只选用"维生素"一词作叙词，不选用各种维生素的专指词作叙词，那末，"维生素 A"、"维生素 B_{12}"、"维生素 C"等词就不必作非叙词保留，因为它们的上位词是"维生素"，这是一望而知的，肯定的，人们都知道的；而"泛酸"、"烟酸"、"烟酰胺"（都是维生素）等词则必须作非叙词保留，并用"用"参照引向"维生素"这个叙词，因为人们不一定知道或不一定能肯定它们的上位词是"维生素"那个词。上面的例子是说明被合并的太专指的词是否有必要保留作非叙词的决定因素。对于被组代的词是否保留作非叙词,也可以这样进行抉择。至于对落选的同义词以及被合并的近义词、反义词和否定词,则都应保留作非叙词。总之,非叙词可以根据需要尽量多收录一些。

此外,有一种称为"入口词表"的词表,其中收录的全是非叙词,著录事项和格式仅为"非叙词 用 叙词"。这种词表的性质和作用,与叙词表中收录非叙词相同。

在文献标引过程中,标引人员对一个在叙词表中没有相应专指叙词的主题概念该用什么叙词标引,须由他自己作出决定。而最后他是用哪几个叙词组配标引的,或用哪一个上位叙词标引的(上位词标引),或用哪一个关系密切的叙词标引的(靠题标引),都应随时记录下来。下一次(或另一个标引人员)再遇到同样的主题概念,就只要查一查,而不必再去重新作决定了。这样,可加快标引速度,并保证标引前后一致。这种记录,对检索人员也很有用。因为即使标引人员所作的决定是不够准确的,凭着这份记录也能把被标引的文献从检索系统中找出来,而不致石沉大海,毫无踪迹。这种记录,也是以后纠正标引错误和修订叙词表的重要依据。

将这种记录加以整理,就成为入口词表。可以说,非叙词是不可能在编制叙词表时一次收录完全的,而需要靠不断积累。从作标引记录入手编制入口词表,是积累非叙词的一种切实有效的方法。

第七章 关键词描述语言

第一节 关键词法的原理

一 关键词法的构成原理

关键词法是适应目录索引编制过程自动化的需要而产生的。它与标题法、单元词法和叙词法同属于主题法系统,它们都是以自然语言的语词作标识。但是,标题法、单元词法和叙词法都是要对取自自然语言的语词加以严格的规范化处理的,而关键词法则基本上不作规范化处理,或者说仅作极少量的规范化处理。

所谓关键词,是指那些出现在文献的标题(篇名、章节名)以至摘要、正文中,对表征文献主题内容具有实质意义的语词,亦即对揭示和描述文献主题内容来说是重要的、带关键性的(可以作为检索"入口"的)那些语词。例如,有一篇文献的篇名是《用计算机编制上下文关键词索引》,其中"计算机"、"上下文"、"关键词"、"索引"四个词是能描述这篇文献主题的,并且能作为检索入口的重要词,因而作为关键词;而"用"和"编制"两个词虽然也能帮助描述文献主题,但不起重要作用,也不能作为检索的入口,因而是次要词,不作为关键词。

关键词有点像单元词。但单元词是在同义词和近义词中作优选的,而关键词则不作优选,甚至对同一个词的单复数和变格等词形变化也不加统一而保持作者用词原状,同义词、近义词、一个词的不同形态并存。所有的关键词都是平等的,全部按字顺排列。若干关键词的结合构成一条索引款目,说明一篇文献的主题内容;但全部关键词在检索系统中却是彼此孤立,没有任何联系。

概括地说,关键词法就是将文献原来所用的,能描述其主题概念的那些具有关键性的词抽出,不加规范或只作极少量的规范化处理,按字顺排列,以提供检索途径的方法。关键词法就它能表达文献主题概念并提供检索途径的作用来说,可以认为是一种情报检索语言类型;而从必须符合表达概念的唯一性和能显示概念之间的关系的严格要求来说,则不能称为情报检索语言(它是在情报检索中直接使用自然语言的一种方法)。

目前,在图书馆学情报学文献中,常见到把标题词、单元词和叙词也都叫作"关键词"。"关键词"一词的这种用法,容易引起概念上的混淆,是不够恰当的(关于这一点可参看第 95 页上的图 20 所示)。

二 关键词法的表现形式

关键词法的原理得到了广泛的应用,出现了多种关键词索引形式,大体可分为两类:一类是带上下文的关键词索引,包括题内关键词索引、题外关键词索引,双重关键词索引;另一类是不带上下文的关键词索引,包括单纯关键词索引、词对式关键词索引和简单关键词索引。

(一)题内关键词索引

题内关键词索引也称上下文关键词索引。这是最早出现的一种利用电子计算机编排的索引,实现了索引工作自动化。这种关键词索引是将文献标题中的关键词和非关键词都保留,并保持标题原文的词序,使每个关键词都有一次机会轮流排到作为检索词的固定位置(中栏开头),将处于检索词地位的关键词按字顺排列起来,每条款目附文献地址(该文献在文献题录部分的地址)。这样的索引与文献题录结合起来便成为一种检索工具。

下面是用题内关键词索引法编制的美国《化学题录》索引部分的一个片断(见图44)和题录部分的一个片断(见图45)。

索引由左、中、右三栏组成。左栏和中栏是文献标题,右栏为文献地址。中栏开头是检索词的位置,在这个位置上的词是按字顺排列的。所以,这种索引的检索入口处是在中栏开头,而不是像一般索引那样在左端或左上方。检索时,先在中栏按字顺查到与检索课题有关的关键词后,再看其左右的词(即"上下文")而了解该文献的具体主题内容,如果认为有用或可能有用,可按右栏的文献地址转查文献题录部分,从而明确该文献的作者和出处。

一篇文献的标题中有多少个关键词,在索引中就要按每个关键词重复排列几次,因此可以在任何一个关键词下都能发现它。

每篇文献的一条款目在索引中只占一行,由于受计算机打印设备功能和索引编排格式的限制,每行只能容纳80~100个字符。左栏和中栏约占60~80个字符,大约可容纳5~9个词,大部分文献的标题都可容纳,但是也有一部分文献的标题超过这个长度,超过长度的部分就只能舍去。由于标题中每个关键词都要轮流排到中栏开头,又要保持标题原来的词序,所以,一篇文献的标题在索引中何处开始排是不固定的。因而,有时中栏排不下而左栏却有空余,有时左栏排不下而中栏却有空余。解决的办法是:若中栏排不下而左栏前端有空余时,将中栏后端排不下的部分移到左栏前端空白处接着排;若左栏排不下而中栏后端有空余时,将左栏前端排不下的部分移到中栏后端空白处接着排。被移排的可能是一个完整的词,也可能是几个或一个字母,所以一个词常被分为两半,前半在中栏末尾,后半在左栏开头。如果移排后再排不下,排不下

226

arbon and/or nit+ Effect of manganese content on precipitation of c AREIAT-0048-0579

ay.I.The Vestpolltind iron- manganese deposit. = +alen, N. Norw   LITHAN-0010-0243

'of fresh and saline water by manganese di oxide coprecipitation. = JRACBN-0042-0007

Effect of normal and high manganese diets on the role of bile in+ JANSAG-0045-1108

at of spin glass in platinum- manganese dilute alloys. = +specific he JUPSAU-0043-1577

as or e+ Average nitrogen di oxide concentrations in dwellings with g ATENBP-0011-0869

echanism of the carbon mon oxide conversion eraction. = +ciative m DANKAS-0236-1402

'aline water by manganese di oxide coprecipitation. = +of fresh and s J RACBN-0042-0007

rmed in pure vanadium(v) oxide crystal under sulfur di oxide oxida BCSJA 8-0050-2831

c doped hexakis pyridine N- oxide cuprate ion. = +the pure   and   zin CHPLBC-0051-0489

wer reactors. = Plutonium fuel and tuel elements for po AENGAB-0043-0412

ygen diffusion in uranium- plutonium oxide fuels at low temperatur JNUMAM-0068-0357

'f fr+ A rapid procedure for plutonium separation in large volumes o JRACBN-0042-0007

Atomic M lines of metallic plutonium. =   JRFMAT-0007-2451

dymium in spent（uranium, plutonium）carbide nuclear fuels in conn JRACBN-0041-0047

图 44 《化学题录》题内关键词素引部分片断

·0007 Wong KM, Brown GS, Noshk in VE
　　A rapid procedure for plutonium separation in large
　　volumes of fresh and saline water by manganese
　　di oxide coprecipitation.＝　　　　　7—15
0017　　·················

···

图45　《化学题录》题录部分片断

的部分就舍去。被舍去的,可能是一个或几个词,也可能是一个或几个字母。当一个标题的最后一个词完整地被排入索引时,后端加".＝"(或其它符号)表示终止;若标题的前端或后端排不下而被舍去一部分时,用"＋"号来代替被舍去部分。被舍去部分也是不固定的,或开头,或末尾,或开头和末尾都舍去(此时两端都不用"＋"号)。舍去一部分词或字母对了解文献主题一般无大妨碍,必要时可转查文献题录部分,那里有完整的文献标题。

　　有些题内关键词索引除文献标题外,还从文摘和正文中抽取关键词作为补充,一起参加轮排。例如,美国《生物学文摘》的题内关键词索引,当篇名意义不完全时,常加入适当的词,包括生物体名称、物质、化学药品、仪器、研究方法、地理位置等。这种有补充成分的题内关键词索引,也可称为增补关键词索引。

　　(二)题外关键词索引

　　这种关键词索引是将文献标题中的关键词和非关键词都保留,并保持标题原文的词序,同时轮流地将每个关键词"抽出"(实际上在标题原文中仍保留或用＊号代替),置于在标题左方(或左上方)的检索词位置,并将处于检索词位置的关键词按字顺排列。每条款目所附的文献地址,可以是该文献在文献题录部分(或文摘部分)的地址,也可以是文献的排架号(此时文献题录也按排架号顺序排)。检索时,从处于检索词位置的关键词字顺中查到与检索课题有关的关键词后,再看其下的文献标题而了解文献的具体主题内容,如果认为有用,可按后附的文献地址转查文献题录部分,从而明确该文的作者和出处。图46是用四篇文献编成的题外关键词索引示例。

标引	标引中的统计方法	1283
	词相关性与自动标引进展报告	1281
词	词相关性与自动标引进展报告	1281
单元词	单元词组配索引应用中的问题	1275
化学	化学文献的主题索引法	1291
索引	单元词组配索引应用中的问题	1275
索引法	化学文献的主题索引法	1291
统计	标引中的统计方法	1283
文献	化学文献的主题索引法	1291
相关性	词相关性与自动标引进展报告	1281
主题	化学文献的主题索引性	1291
自动	词相关性与自动标引进展报告	1281
组配	单元词组配索引应用中的问题	1275

图46 题外关键词索引示意

题外关键词索引的索引款目易读性相当好,但索引篇幅比题内关键词索引稍大。

(三)双重关键词索引

这是一种题内关键词索引和题外关键词索引的结合形式。它的特点是有双重标目:一个主标目(题外关键词,在左上方)和一个副标目(题内关键词,在左端)。例如,对《激光技术的新进展——以炸药和推进剂为能源的激光器》一文可以编成下列双重关键词索引款目(见图47)。

激光技术

　　激光器/激光技术的新进展——以炸药和推进剂为能源的
　　能源的激光器/激光技术的新进展——以炸药和推进剂为
　　推进剂为能源的激光器/激光技术的新进展——以炸药和
　　炸药和推进剂为能源的激光器/激光技术的新进展——以

激光器

　　激光技术的新进展——以炸药和推进剂为能源的激光器
　　能源的激光器/激光技术的新进展——以炸药和推进剂为
　　推进剂为能源的激光器/激光技术的新进展——以炸药和
　　炸药和推进剂为能源的激光器/激光技术的新进展——以

能源

　　……………

推进剂

　　……………

炸药

　　……………

图 47　双重关键词索引示意

　　由此可见,双重关键词索引查阅相当方便,易读性也较好。但
是,它的篇幅极其庞大,对一条有 5 个关键词的文献标题,就要做
20 条索引款目,编印成本相当高。所以,这种索引法的实用性是
比较差的。

　　(四)单纯关键词索引

　　这种关键词索引是将表征文献主题内容的关键词抽出组成索
引款目,然后将索引款目中的关键词轮流移到左端(或左上方)作
为检索词,并按字顺排列,每条款目后附文献地址(文摘号)。检
索时,先从置于左端的关键词的字顺中查到与检索课题有关的关
键词后,再把它与其余的那些关键词结合起来,看是否符合检索要
求。如果认为基本符合检索要求,则可根据文献地址(文摘号)查

阅文摘,以便作进一步甄别,并查明其作者和出处。

下面是美国《化学文摘》79卷12期为一篇题为《用橡胶废料制离子交换剂》的文章(文摘号67648s)所编的单纯关键词索引款目:

胺化　橡胶　阳离子　交换剂	67648s
交换剂　阴离子　橡胶　废料	67648s
净化　水　离子　交换剂	67648s
水　净化　离子　交换剂	67648s
橡胶　废料　阴离子　交换剂	67648s
阳离子　交换剂　橡胶　胺化	67648s
阴离子　交换剂　橡胶　废料	67648s

图48　美国《化学文摘》中为一篇文章作的单纯关键词索引款目

这种索引的特点是:(1)只有关键词,没有上下文(非关键词),没有语法结构;(2)关键词来源不限于文献标题;(3)抽取的关键词不是堆在一起组成一条索引款目,而是分别组成若干条索引款目;(4)轮排时不考虑原有词序,实际上是先词组轮排,再将在前的一个词组进行单词轮排;(5)关键词在一定程度上已规范化。

由此可见,这种索引有标引深度较大而索引篇幅较小的优点,但索引款目含义的明确性较差,最好结合文摘使用。

(五)词对式关键词索引

这是将一篇文献标题中的关键词全部抽出,用数学中的排列原理,每取一对构成一条索引款目,用以标引文献的一种关键词轮排索引。它的原理,与双重关键词索引相似。例如,对一篇题为《孤僻儿童的游戏疗法》的文献,从标题中抽取"孤僻"、"儿童"和"游戏疗法"三个关键词,用词对式关键词索引法可构成下列六条索引款目:

儿童	孤僻
孤僻	儿童
儿童	孤僻
游戏疗法	游戏疗法
游戏疗法	游戏疗法
儿童	孤僻

从上例可以看出,这种索引的标引深度较大,索引篇幅较小,标目相当清晰,有一定的系统性;专指性虽较差,但有组配检索的方便条件,例如,用排在同一处的"儿童—孤僻"和"儿童—游戏疗法"二条款目,可组配检索"孤僻儿童的游戏疗法"这一课题的文献。

(六)简单关键词索引

这种索引的索引款目只有一个关键词,后面附全部相关文摘号,极为简单。它一般与文摘正文构成一个检索系统。检索时,可以选择一条关键词款目,根据其所列出的文摘号转查文摘,以发现符合要求的文献;也可以将几条关键词款目下的文摘号进行对比(组配),选出相同的文摘号,然后转查文摘作进一步的甄别。

这种关键词索引的功能与单元词索引相类似,质量也比较粗糙。

三　关键词的范围

关键词不是逐个选定的,也不编制关键词表。相反,用一种"非关键词表"(索引不用词表、禁用词表)来控制抽词范围。在用电子计算机自动抽词的情况下,凡是非关键词表中未列的词,都作为关键词。

列入非关键词表的词,都是那些用作检索词无实际检索意义的,包括:(1)冠词;(2)介词;(3)连词;(4)感叹词;(5)代词;(6)某些副词;(7)某些形容词;(8)某些名词(如"理论"、"报告"、"试验"、"学习"等);(9)某些动词(连系动词、情态动词、助动词)。

非关键词表包括的词从几百个到一千多个不等。各种非关键词表的收词范围随各专业用词情况不同而有所不同(主要的差别在上述(6)(7)(8)三类词)。

在人工辅助抽词的情况下,除上述的各类词外,一些虽有实义但使用频率过高而失去检索意义的词,以及一个词组中第二、第三个一般不用作检索入口的词,都可作为非关键词。

四　关键词的规范

一般的说法,关键词是直接利用自然语言的语词而不予规范的。事实上,也必须作某种程度(极少量)的规范化,才能适应计算机处理的要求和消除那些显然的、比较容易消除的缺点。这种规范化处理是结合文献著录进行的,包括:

(1)词和符号的改写。即将希腊字母、数字符号、化学符号等计算机打印设备不能打印的或容易混淆的词和符号,改写成计算机能够打印的和不易混淆的形式。例如,把 β 改写成 beta,把 C_3H_2 改写成 Carbon(3)Hydrogen(2),把 U238 改写成 Uranium—238,把 2/3 改写成 two—thirds 等。这种改写,如果计算机字符比较完备,可以不作。

(2)词的缩写。在关键词系统中都尽量利用缩写词,以节约篇幅。除一般缩写词外,还可以使用特定的缩写词。

(3)词的分拆和组合。即当一个复合词分拆后如果能藉助于轮排而提供更多的检索入口时,就将其分拆成两个关键词;相反,如果由两个词组成一个专有名词,没有必要用第二个词作为检索入口时,就将这两个词用连字符连接起来成为一个关键词。

(4)不同拼写形式的词和同义词的统一。这只在个别关键词系统中采用。

(5)补充关键词。即当文献标题中的关键词不足以表征文献主题内容时,从文摘或正文中抽取补充词(如关于原材料、方法、设备、条件、地理位置等的词)。

(6)翻译文献标题。即将不同语文的文献标题译成关键词系统所用的语文,然后再抽取关键词。

上述(5)(6)两条,严格说来,已不是对关键词本身的规范,而是对文献标题的规范化处理了。

第二节　关键词法的性能

关键词作为情报检索语言来说,质量比较差,其原因在于:

(1)由于关键词法直接采用自然语言的语词(文献作者在标题、正文中所用的原词)作关键词,对自然语言中大量存在的等同关系词不加规范统一,也不显示等同关系,所以,在关键词系统中,同一主题的文献款目常常因作者用词不同而被分排在许多地方,检索时必须用表达该主题的许多个等同关系词多处查找,才能查到较多的文献。虽然,专业人员比较熟悉本专业的用语,他们大多能了解本专业中的等同关系词,但是,在检索时往往不可能把表达某一概念的全部等同关系词都考虑到,因此,漏检的可能性就比较大。

(2)关键词法不显示关键词之间的等级关系和相关关系,更增加了检全文献的难度。

(3)为了加速和简化检索工具的编制过程,关键词大多限于取自文献标题。科技文献的标题虽然比其它文献的标题较接近于文献主题内容,但表达不充分的还是占很大比例。据统计,文献标题反映文献内容的充分程度,各学科从34%到86%不等。因此,限于取自文献标题的关键词,揭示文献中有价值情报的充分程度并不是很高的,这也会导致漏检和误检的增加。

（4）在机编索引情况下，由于机械地抽词和轮排，其中有不少关键词款目是不起检索作用而徒增篇幅的。

但是，利用关键词法可实现检索工具编制过程的计算机化（文献自动标引），从而可以降低对编目人员知识和业务水平的要求，同时还可节约大量人力。利用计算机编制关键词索引十分迅速，因此可以大大缩短检索刊物的时差，从而保证文献报道的及时性。关键词法的以上优点，使它的那些缺点降至次要地位，因此在国外，关键词法是相当流行的。

关键词索引一般作为检索刊物的临时性索引，随附于每期刊物，以方便检索。但到累积的主题索引出版后，它便失去使用价值而被取代。

由于关键词索引对每个关键词都进行轮排，一篇文献有几个关键词，就有几条关键词索引款目，提供几条检索途径，所以关键词索引的标引深度还是较大的。如再稍加人工辅助抽词，则可达到更大的标引深度和在某种程度上改进标引质量。关键词法直接采用文献著者自拟的文献标题中所用的语词作标识，专指性较好，虽然有一部分文献标题表达文献主题内容不够恰切，但就一般来说，它的检准率还是比较高的。它是一种检全率较低但检准率较高的情报检索语言。所以，关键词法虽质量较差，但作为一种临时性索引用的情报检索语言，还是有它的特长的。

当关键词法直接使用于电子计算机检索系统时，可以用一种后控制词表来提高检全率。所谓后控制词表是只供检索的词表，这种词表实际上是一种同义词、近义词和相关词的词汇。它的作用，是在检索时，检索者可以从任何一个词出发，在词表中查到它的一批同义词、近义词和相关词。这样，他就不必自己去设想，关于他所要查的那个主题，到底有哪些同义词、近义词和相关词了；并且，词表所提供的词的数量，也可能比他自己所能设想的会多一些。所以，根据这种词表进行检索，有可能提高检全率。这种词表是在检索过程中,由计算机将检索者所用过的同义词、近义词和相关词记录下来,逐渐积累而成的。所以,它是一种不断增涨着的词表。这种词表所显示的词间关系是不大精确的,并且要以对检索课题用词的积累为前提,所以还不可能把关键词法提高到比较完善的程度。但是,这种词表几乎不需花人力去编制,只要为计算机设计一个编制这种词表的程序,就可以让计算机自动地去完成编制词表的工作。

关键词法只有与电子计算机结合起来才有实用意义。但是,在汉语中,一个汉字可与许多汉字进行不同的组合,构成不同词类的词,以及处于词组和句子中的各个词之间无明显的分隔标志等,都成为自动抽词的难点,是我国采用关键词法有待解决的问题。看来,用人工辅助抽词,让计算机自动编排索引,是很容易做到的。而要像使用拼音文字的语言那样,利用非关键词表来实现自动抽词,则尚有许多困难要去克服。同时,汉语关键词系统采取题内关键词索引形式可能最易实行,因为在这种情况下,所谓人工辅助抽词,可以比较含糊,实际只需在要轮排的位置插进一个轮排符号就可以了,所需脑力劳动甚少。

第八章 文献分析与标引问题

第一节 文献的分析与标引是影响情报处理质量的关键性工序

一 保证分析标引质量的重要性

文献是情报的载体。但是,文献中所含有的情报内容,并非文献的名称都能很好表达。文献名称对文献中所含情报内容的表达,常常是不充分,有时则不准确。因此,必须对文献的内容进行分析,以便通过分析而明确:在该文献中实际含有哪些有参考价值的知识,即情报。然后,用情报检索语言将其充分、准确、简明地表达出来。前一步是通过对文献内容的调查研究形成概念的过程,可以称为主题分析,实质是"概念标引";后一步是把概念转换成情报检索语言的标识(词或符号),可以称为标引,实质是"符号标引"。

准确的主题分析是准确的标引的前提,而这两者(可统称为文献标引)又是有效的情报检索的前提。总的说来,情报检索语言在情报检索中起着重要的作用。但是,有了一种高质量的情报检索语言,还要善于使用它,即是要保证文献分析与标引的质量,才能使它充分发挥应有的作用,为高效率的情报检索创造优良的条件。

假如一篇文献实际论述了两个问题,可是分析结果漏掉了一个问题或多出了一个问题,或者文献论述的是问题甲,而用标识乙去标引,那就会造成漏检和误检。漏检就是遗漏有用情报,使本来已有的知识在正需要它时却得不到利用;误检则会加重检索者的负担,造成时间及其它的浪费。

　　当然,在文献情报存储和检索的全过程中,造成漏检和误检的原因很多,但文献分析与标引过程中出现的误差,是造成漏检和误检的重要原因。文献的分析与标引是影响情报处理质量的关键性工序。

二　评价分析标引质量的标准

　　文献分析与标引的质量标准可概述如下:

　　就文献分析而言,应保证做到:(1)既不遗漏有参考价值的内容,又不将无参考价值的内容或文献中根本不存在的东西作为分析的结果;(2)正确表述文献的内容,即形成正确的概念;(3)正确判断文献中论述的重点;(4)抓住文献中提出的新东西。

　　就文献标引而言,应保证做到:(1)正确运用情报检索语言,选用恰切的标识表达文献分析结果所形成的概念;(2)对文献分析结果的标引既要有所选择取舍,又要不遗漏有价值的情报;(3)对同一概念的标引要前后一致。

　　要达到以上质量标准是相当困难的,这不仅取决于文献标引人员的学科专业知识水平和对具体情报检索语言的掌握程度,而且也取决于对下述的分析标引方法和规则所采取的决定。

第二节　文献分析与标引的一般方法和规则

一　分析水平与标引深度

　　分析水平可以从两方面来说明。一方面是指"宏观"的分析还是"微观"的分析，即是以一套、一种、一册文献作为一个单位来进行主题分析，还是以一册中的一篇、一章、一节作为一个单位来进行主题分析。另一方面是指进行概括式的分析（仅指出一个主体事物或整体主题），还是描述式的分析（指出若干相关事物或局部主题）；是用简单概念来表达（仅笼统地指出是什么事物），还是用复杂概念来表达（还具体地指出该事物的特征或它的哪一方面、哪一部分问题）。所以，分析水平实际上就是对文献进行内容分析的深度和广度。

　　标引深度是指标引一篇文献所用的标识数量。所用标识少，就是标引深度小，叫浅标引；所用标识多，就是标引深度大，叫深标引。当一篇文献仅用一个标识来标引时，只能从一条检索途径查到它；若用三个标识来标引时，就可以从三条检索途径查到它。可见，标引深度愈大，一篇文献被查到的机会就愈多，文献的利用率就会提高。标引深度增大了，在一个标识下聚集的文献数量必然会增加，查全文献的可能性也会随之增大。同时，深标引意味着对文献内容的表达将更具体，所用标识将更专指，所以，文献的检准率也会有所提高。

　　从情报检索的角度看，只有深度标引，才能适应在当代科技文献数量庞大，内容专深且互相渗透，而各方面的情报需要十分迫切，检索课题又很专指的复杂情况下对情报检索系统效率的高度要求。

文献的标引深度取决于主题分析水平。对同一文献,采用"微观"分析法所得到的主题概念数量,必然多于采用"宏观"分析法所得到的主题概念数量;采用描述式分析法所得到的主题概念数量,也必然多于采用概括式分析法所得到的主题概念数量。而主题概念数量多,表达这些概念所需的标识数量也就多,标引深度就较大。同时,对分析出的一个文献主题,用一个复杂概念来表达比之用一个简单概念来表达,所需的标识数量也多(例如在后组式系统中用组配表达),所以标引深度也较大。

由此可见,为了达到较大的标引深度,首先必须对文献进行深入的分析,即要提高分析水平。

二 分析角度

对文献内容进行分析的角度,首先随文献的学科性质而异。例如,对于医学文献,一般是从患病部位、疾病种类、病因、诊断方法、治疗方法、治疗药物等角度进行分析;而对于工业技术文献,则一般是从产品类型、性能、生产原理、产品结构、原材料、工艺过程、生产设备等角度进行分析。

其次,文献内容分析可随各单位的具体需要而有所偏重。例如,同一篇关于用某种焊接新技术加工某种零件的文献,在一个生产该种零件的单位可能偏重于从该种零件制造的角度来分析,另一个单位可能偏重于从焊接技术的角度来分析,第三个单位可能偏重于从该文献兼论的焊接设备的角度来分析。这是因为,文献内容分析的目的,就一个综合性的情报机构或图书馆来说,是要全面查明每篇文献潜在的多种用途;就一个专业性的情报机构或图书馆来说,则是要用全力找出文献中对本单位服务对象有用的情报。

最后,文献内容分析也受所用情报检索语言的特点所支配。例如,体系分类法要求按各类所用的分类标准来对文献进行分析;

叙词法不允许对一篇文献作概括性的粗略分析,等等。

所以,最好是根据学科性质、专业要求、情报检索语言特点等具体情况,制订一个文献分析提纲,以便作为文献分析的规范。文献分析提纲有助于保证文献分析的周密性和一致性,并可减轻文献分析过程中的脑力劳动。

三 分析方法

文献分析是要弄清被分析文献"究竟讲什么"。

下列两种步骤都可达到上述目的:

一种是先找出文献论述的对象,再进一步查明是论述该对象哪个方面的具体问题。

另一种是先找出文献中涉及的各种概念,再进一步查明它们之间的相互关系。

文献分析的方法,归纳起来不外乎两点,即:(1)通过浏览文献的篇名、目次、摘要、引言、结论以至正文,对文献内容作调查;(2)对调查所得的情况作分析判断,形成主题概念。

目前,在分析科技文献时,一般是将一篇文献的内容分析为"对象"、"作用"、"生成物"、"方法、手段"、"条件、状况"等主题因素,然后再将这些主题因素,根据它们之间的关系,分别形成若干单独的主题概念(局部主题),或综合成一个完整的主题概念(整体主题)。

一般地说,从一篇文献分析出的主题数量不受限制,主要决定于该文献对具体需要者的情报价值以及所采用的分析水平和分析角度。

四 标引方式方法

文献标引的方式有下列四种:

(1)整体标引。即对一部书或一篇文章的整体主题用一个标识来进行概括性标引；

（2）全面标引。即对一篇文献的各个局部主题或构成完整主题的各个主题因素分别标引，必要时可同时对整体主题作概括性标引；如无必要，就不再对整体主题作概括性标引；

（3）补充标引。即除了对一篇文献的整体主题作概括性标引外，再选择个别重要的局部主题或主题因素作单独标引；

（4）重点标引。即只选择一篇文献中对本单位服务对象有情报价值的个别局部主题作标引。

以上第二、第三种标引方式可以达到较大的标引深度，比较适合情报检索的要求；第四种标引方式主要用于专业性情报机构处理相邻专业的文献；至于第一种标引方式，主要是图书馆用于处理图书，标引深度最小，不能满足情报检索的要求。

上节所述评价分析标引质量的标准，以及本节所述分析水平、标引深度、分析角度、分析方法、标引方式等问题，其实都是标引方法问题。下面就如何将文献的主题概念转换成标识的一般问题作几点简略的说明：

（1）文献标引的基本方法，就是选用与主题概念专指度一致的（即能最恰切地表达主题概念的）标识来进行标引；

（2）体系分类表中的类目和标题表中的标题专指度达不到要求，又不能用复分、仿分、加子标题等办法达到要求时，可采用上位标引法进行标引；叙词表中的叙词专指度达不到要求时，优先采用组配标引法，其次才能采用上位标引法进行标引；

（3）对于某些既无专指标识，又不可能采用组配标引法或不宜采用上位标引法的主题概念，可采用靠类标引法或靠题标引法；

（4）对于采用以上各种方法标引都不适宜的主题概念，可考虑增补新类目或新词；

（5）使用体系分类法的专业比较窄的情报单位，在标引个别与本专业有关的非本专业文献时，可使用靠类标引法。例如，在一个图书馆学专业资料室,允许将论述图书馆建筑设计施工的著作(属建筑科学)分入本专业范围的图书馆建筑类目(参看《中图法》G258.91)。

五　导致检索效率降低的分析标引误差

前面已经指出,文献的分析与标引是影响情报处理质量的关键性工序,所以,对导致检索效率降低的分析标引误差应予重视,并力求避免。现将分析标引误差的种类、产生的原因及造成的后果列举如下。

1. 文献分析误差:

(1)主题分析不充分,析出的主题少于文献实含的有参考价值的内容,可造成漏检;

(2)主题分析无控制,将无关重要的内容分析为主题,可造成误检;

(3)主题分析错误,析出的主题与文献实际内容不符,可同时造成漏检和误检。

2. 文献标引误差:

(1)标引错误,如选择标识错误、组配错误等,使标识与主题概念不符,可同时造成漏检和误检;

(2)标引时标识太少(在组配法中)或太泛指,而检索时使用较多标识或较专指标识,可造成漏检;

(3)标引不一致,相同内容的文献,有些分入甲类,有些分入乙类,有些分入上位类,有些分入下位类,导致分散,主要是造成漏检;

(4)标引中的技术性错误,如写错字,写错号,以及排错卡片等,可造成漏检,也会产生误检;

(5)在传统卡片目录中,采用组配而不轮排,从另一个角度查不到,可造成漏检。

第三节　文献分析与标引的某些问题

一　适度标引问题

理想的检索效率可表述为:有参考价值的文献全部被检出,被检出的文献都是有参考价值的。即检全率为 100% ,检准率也为 100% ;或漏检率为 0% ,误检率也为 0% 。但实际上,不仅不可能达到这种理想的检索效率,甚至要达到较高的检索效率,也不是很容易的。目前,在国外的各种情报检索系统中,检全率一般为 60 ~70% ,检准率一般为 40 ~50% 。

由于在检全率和检准率之间存在着互相制约的现象,而这种现象的推移变化又是与文献标引过程中对标引网罗范围的控制有最密切的关系,即放宽标引的网罗范围可提高检全率,但会降低检准率,收缩标引的网罗范围可提高检准率,但又会降低检全率,因此,就有必要探讨如何对标引的网罗范围作适中控制,即适度标引问题。

有两个因素增加了对标引的网罗范围作适中控制的复杂性和困难性:

(1)一篇文献的内容,往往既可以综合为一个主题概念,也可以分析为很多主题概念,因此,到底该用多少标识进行标引才算合适,是无法作出硬性规定的;

(2)评价一篇文献是否"有参考价值",也往往因标引者的认识不同和检索者的要求不同而异,很难得出一个明确的标准。甲认为某篇文献的某一部分内容是有参考价值的,可以标引出来;乙却认为并没有参考价值,不必给予标引。甚至一篇文献只用一个标识标引,在检索时由于检索要求不同,甲认为有参考价值的,乙却可能认为没有参考价值。

一般说来,深标引比浅标引对检全率和检准率的提高都较为有利。因为深标引意味着用更多的标识来更全面地、更具体地标引一篇文献的内容,因此不但可以提供更多的检索途径,而且也可以更专指地标引文献所论及或涉及的事物。

但是,没有必要去标引文献中所涉及的一切事物。应当加以标引的内容,必须同时符合下面三个条件:(1)文献中比较具体地论述了的;(2)有一定参考价值的;(3)可以成为检索对象的。如果同时具备了上述三个条件而不给予标引,可以认为是标引不足;而如果未同时具备上述三个条件而给予标引,则可以认为是标引过度。

例如,一篇题为《钙、氯化物及氧对利用复磷酸钠防止铁腐蚀所起的效应》的文章,共论及"腐蚀"、"复磷酸钠"、"铁"、"钙"、"氯化物"和"氧"六种事物,可分析出下列六个主题概念:

(1)腐蚀,铁的——防止,利用复磷酸钠的——所受效应,钙、氯化物、氧;

(2)铁——腐蚀——防止,利用复磷酸钠的——所受效应,钙、氯化物、氧;

(3)复磷酸钠——防蚀作用,对铁的——所受效应,钙、氯化物、氧;

(4)钙——所生效应——对于复磷酸钠防蚀作用的;

(5)氯化物——所生效应——对于复磷酸钠防蚀作用的;

(6)氧——所生效应——对于复磷酸钠防蚀作用的。

对以上六个主题概念,只标引其中的(1)或(3)就是标引不足,六个全部标引就是标引过度,标引其中的(1)(2)(3)或(1)(3)可以认为是适度的。

适度标引问题,也随情报检索语言而异。例如,对体系分类法来说,可标引(3)或(2)(3);对标题法来说,可标引(1)(2)(3);

对叙词法来说,在后组式检索系统中,需要用"铁"、"复合磷酸盐"、"磷酸钠"、"钙"、"氯化物"、"氧"、"防锈漆"、"腐蚀试验"、"涂复层试验"、"效应"等多个叙词标引。

标引时,为了区别文献的参考价值,可引进文献重要程度符号或文献类型符号。

二 集中标引问题

由于现代科学技术的高速度发展,文献数量极其庞大,绝大多数的情报机构和图书馆独自对它所收藏的全部文献资料进行深入细致的标引,在人力、时间和经济上都已经难以解决了。通过各种形式,如集中编目、协作编目、出版收录量大、质量高的检索刊物和检索磁带、建立检索网络以及将分类号和主题词直接印在文献上等,对文献进行集中标引和编目,是解决这个问题的有效途径。

集中标引的好处在于:(1)可避免重复标引,节约人力;(2)可使情报检索语言及其使用法趋向统一,方便检索;(3)有可能更深入细致地进行标引;(4)有可能提高标引的准确性。

但是,集中标引必须仔细考虑每一篇文献的多方面用途,必须照顾到各个学科、专业的需要,并且必须保证质量。一般地说,有组织地进行分工协作,各专业机构在专业人员的参加或协助下,负责对本专业狭小范围的文献进行集中标引,允许各专业之间有一定程度的重复,可以保证集中标引的质量。

三 利用已有标引成果问题

科技文献产生于世界各国,不仅数量庞大,而且文种、类型繁多,内容更是复杂。每个国家如果都要自己来分析标引全部搜集到的文献,不仅要花费大量人力,而且会影响情报传递速度。开展文献标引和编目的国际协作,互相分工,互相利用标引成果,这已成为一种发展趋向。

但是,这就必须使用标准的情报检索语言和标准的分析标引规则。目前,《国际十进分类法》已被许多国家作为一种标准的情报检索语言使用。掌握《国际十进分类法》以及国外的一些主要叙词表,对于利用国外的文献标引成果来说,是很必要的。

　　在文献标引标准化方面,联合国教科文组织曾于 1975 年 6 月向国际标准化组织第 46 技术委员会(ISO/TC46)第五工作组提交一份题为《标引原则——初步草案》的文件,该文件几经讨论、修改,于 1981 年由国际标准化组织作为国际标准草案提出,供有关方面讨论和征求意见,以便再次修改后提交国际标准化组织全体大会通过(该国际标准草案题为《文献工作——文献审查、主题分析与选定标引词的方法》,编号为 ISO/DIS5963)。

参考文献目录

情报检索语言大纲

  张琪玉 载于《图书馆学刊》1981 年第 3 期第 54—66,45 页;第 4 期第 8—20,50 页

情报检索理论概述

  切尔内,А. И. 著 赵宗仁、许恒泰译 1980 年 10 月 科学技术文献出版社 267 页

有关文献资料检索工作的一些问题

  曾世荣 载于中国科学院图书馆《图书馆工作》1977 年第 3—4 期第 35—50 页

查全率与查准率

  王询 载于《情报科学》1981 年第 3 期第 40—44 页

现代西方主要图书分类法评述

  刘国钧 1980 年 10 月 吉林人民出版社 236 页

体系分类法中"集中与分散"的矛盾

  张琪玉 载于《图书馆杂志》1982 年第 1 期第 14—16 页

分类目录产生漏检和误检的原因

  张琪玉 载于《图书情报知识》1980 年第 1 期第 20—21,31 页

认识分类表的内部规律性是辨类的基本方法

  张琪玉 载于《图书馆学刊》1982 年第 2 期第 19—24 页

体系分类法中的交替法

  张琪玉 载于《图书情报知识》1982 年第 2 期第 34—38 页

关于分类问题的讨论（Ⅰ）

  中井浩著 陈文琦译 载于《综合科技动态第二分册 情报工作》1963 年第 2 期第 20—27 页

中国图书馆图书分类法

  中国图书馆图书分类法编辑委员会编 1980 年 6 月 书目文献出版社

第 2 版　674 页

中国图书资料分类法

　　中国图书资料分类法编辑组编　1975 年 6 月　科学技术文献出版社
839 页

冒号分类法和它对于文献工作的作用

　　阮冈纳赞著　强一宏译　载于《中国科学院图书馆通讯》1957 年第 11
期第 21—28 页

冒号分类法简述

　　刘国钧　载于《中国科学院图书馆通讯》1957 年第 11 期第 12—21 页

文献工作中的国际十进分类法

　　丁珂　载于《科技情报工作》1963 年第 8 期第 27—32,26 页

日本使用国际十进分类法概况

　　揖宣　载于《综合科技动态第二分册　情报工作》1964 年第 3 期第 1—6
页

文献情报存贮检索系统结构方案探索——以图书馆学情报学文献
情报存贮检索系统的设计为例

　　张琪玉　载于《湖北省图书馆学会一九七九年年会论文选》第 51—
82 页

中国科学院图书馆图书分类法索引的编制与使用

　　白国应　载于《中国科学院图书馆通讯》1960 年第 1 期第 9—14 页

汉文标题法的初步探讨

　　丁珂　载于《科技情报工作》1963 年第 11 期第 33—39,27 页

编制汉文字顺标题索引的原则意见

　　丁珂　载于《科技情报工作》1963 年第 7 期第 22—28 页

中文图书标题法

　　程长源编著　1951 年 5 月　商务印书馆　再版　426 页

分类、标题和目录

　　刘国钧　载于《图书馆》1962 年第 4 期第 13—17 页

如何编制科技资料索引系统——谈分类法和关键词系统

　　Campbell D. C. 著　王恩光摘译　载于《综合科技动态第二分册　情报
工作》1964 年第 2 期第 38—44 页

谈谈组配索引法

　　吴尔中　载于《综合科技动态第二分册　情报工作》1964 年第 3 期第 10—14 页

字顺标题索引与单元词组配索引的实验比较

　　卫民译　载于《综合科技动态第二分册　情报工作》1964 年第 1 期第 30—33 页

概念组配检索法的选词方法（以铁道科学用词为例）

　　曾世荣　刘宗弼　载于《综合科技动态第二分册　情报工作》1964 年第 4 期第 8—19 页

单元词索引的原理、存在问题和解决办法

　　Costello J. C. 著　卫民译　载于《综合科技动态第二分册　情报工作》1964 年第 1 期第 21—24 页

组配系统的选词问题

　　Vickery B. C. 著　郑关林译　载于《综合科技动态第二分册　情报工作》1964 年第 1 期第 37—40 页

组配索引法的演变和发展趋势

　　郑关林译　载于《综合科技动态第二分册　情报工作》1963 年第 2 期第 17—20 页

谈谈叙词法

　　刘湘生　载于《北图通讯》1978 年第 2 期第 50—57 页

文献工作——编制单语种叙词表的规则（ISO 2788—1974（E））

　　载于《文献与情报工作国际标准汇编》（1980 年 9 月科学技术文献出版社）第 239—256 页

关于主题表的编制问题

　　三机部六二八所航空科技资料主题表修订组　1975 年 11 月油印本 87 页

航空科技资料主题表编制原则

　　三机部六二八所　1977 年　16 页（资料工作 11）

汉语主题词表（试用本）（三卷）

　　中国科学技术情报研究所、北京图书馆主编　1979 年 10 月—1980 年 8 月　科学技术文献出版社　10 册

国防科学技术主题词典

  国防科委情报研究所编　1978 年 1 月　1695 页

主题词的试标引检验

  一机部情报所主题表组　载于中国科学院图书馆《图书馆工作》1978 年第 1 期第 11—21 页

用《汉语主题词表》可编制什么样的检索工具

  张琪玉　载于《图书馆学刊》1981 年第 1 期第 26—29 页

字顺检索系统不宜纯按汉语拼音排列

  竹林（张琪玉）　载于《图书情报知识》1982 年第 1 期第 27—28 页

国际原子能机构核情报系统标引手册

  原子能科学技术汉语主题表编辑组译　1977 年 6 月　油印本 52 页

美国军事技术情报局叙词表使用须知

  文一译　载于《综合科技动态第二分册　情报工作》1963 年第 3 期第 15—18 页

叙词在情报检索系统中的检索效率研究

  索科洛夫,A. B. 著　贡光禹摘译　载于《综合科技动态情报工作》1966 年第 6 期第 13—20 页

新型文献索引

  吉良列夫斯基,P. C. 著　张琪玉译　载于《综合科技动态情报工作》1966 年第 5 期第 21—24 页

情报加工

  载于《日本科学技术情报手册》（1980 年科学技术文献出版社）第 73—85 页

文献标引及检索效率问题

  高崇谦编译　载于《科技情报工作概论》（1980 年科学技术文献出版社）第 28—36 页